BRUNOMEDIA®
BUCHVERLAG

„Behördenflut in Deutschland"
von Prof. Dr. Justus Haucap (Hrsg.)

Bibliografische Information der Deutschen Nationalbibliothek:
Die Deutsche Nationalbibliothek verzeichnet diese Publikation in der Deutschen Nationalbibliografie;
detaillierte bibliografische Daten sind im Internet über
http://dnb.d-nb.de abrufbar.

FSC
Mix
Produktgruppe aus vorbildlich bewirtschafteten Wäldern und anderen kontrollierten Herkünften

Zert.-Nr. SGS-COC-1940
www.fsc.org
© 1996 Forest Stewardship Council

1. Auflage

Bonner Straße 328, 50968 Köln
www.brunomedia.de

Redaktion: Sabine Stroinski, Ingo Knerr
Redaktionelle Beratung: Ralf-Dieter Brunowsky
Gesamtgestaltung: d-sign us, Ulrich Schmidt-Contoli
Druck und Bindung: Polygraf Print spol
Printed in Slovakia
ISBN: 978-3-9812730-4-5

Behördenflut in Deutschland

50 Ämter und Institutionen auf dem Prüfstand

Prof. Dr. Justus Haucap (Hrsg.)

INITIATIVE
Neue Soziale Marktwirtschaft

Inhalt

VORWORT

von Prof. Dr. Justus Haucap

Das Verhältnis der Gesellschaft zu ihren Staatsdienern und Behörden ist seit jeher ambivalent. Bereits im antiken Rom, wo in der späten Kaiserzeit ein allein vom Herrscher abhängiges und ihm allein verantwortliches Beamtentum entstand, gab es Konflikte: Schon im Jahr 55 vor Christus soll Cicero gesagt haben, dass die Arroganz der Behörden gemäßigt und kontrolliert werden müsse. Seit dem 17. Jahrhundert waren die Beamten in Europa ein wirkungsvolles Herrschaftsinstrument des Absolutismus. Der Prototyp des modernen Beamten, der Staatsdiener, entwickelte sich in Preußen im 18. und 19. Jahrhundert. Das preußische und später deutsche Beamtentum war ein Vorbild für die Staatsorganisation anderer Länder. Es galt als kompetent, unbestechlich und effizient.

Heute werden, wie der Finanzwissenschaftler Charles B. Blankart schreibt, Bürokratien „als monströs, formalistisch, unfreundlich, ineffektiv und manchmal sogar als korrupt betrachtet“. Zu dieser neuen Sicht trug nicht zuletzt Cyril Northcote Parkinson bei. Der britische Historiker veröffentlichte Ende der 1950er Jahre sein berühmtes Traktat über die Ineffizienz bürokratischer Institutionen. Nach dem von ihm aufgestellten Gesetz wachsen Verwaltungsapparate unabhängig von den zu bewältigenden Aufgaben und sind zunehmend mit sich selbst beschäftigt. Beispielsweise hatte Parkinson beobachtet, dass sich das britische Marineministerium immer mehr aufblähte, obwohl die Zahl der Schiffe, die es verwaltete, ständig abnahm. (0.1) Die bundesdeutsche Realität hat Parkinsons Gesetz in vielerlei Hinsicht bestätigt. Das Heer der öffentlich Bediensteten (Bund, Länder, Kommunen, Post, Bahn, Sozialversicherung) nahm in den alten Bundesländern von 2,3 Mio. im Jahr 1950 auf 4,7 Mio. im Jahr 1992 zu und verdoppelte sich damit. Im wiedervereinten Deutschland ging die Zahl der im öffentlichen Sektor Beschäftigten dann zurück. (0.2) Die Gründe: Zum einen mussten die ostdeutschen Kommunen ihre Personalausstattung auf Westniveau zurückfahren, zum anderen setzte ein Privatisierungstrend ein (Telekom, Post, kommunale Krankenhäuser und Dienstleistungen). Doch gab es Mitte 2006 noch immer 4,6 Mio. Beschäftigte im öffentlichen Dienst. Einschließlich der in rechtlich selbständigen Einrichtungen tätigen Beschäftigten waren es sogar 5,5 Mio. Bedienstete. Etwa jeder sechste abhängig Erwerbstätige (von insgesamt 34,7 Mio.) arbeitete im Jahr 2006 somit im öffentlichen Sektor. (0.3)

Die Behauptung einiger Politiker, Deutschland sei bereits ein „schlanker Staat", wird durch solche Zahlen ad absurdum geführt. Was schwerer wiegt: Im öffentlichen Sektor schlummern erhebliche Produktivitätsreserven. Anders ausgedrückt: Dieselbe Arbeit könnte von deutlich weniger Beschäftigten erledigt werden. Doch warum sind die Staatsdiener so unproduktiv? Liegt es daran, dass in den öffentlichen Sektor nur arbeitsscheue Menschen drängen? Wohl kaum. Wolfram Engels, ehemaliger Herausgeber der WirtschaftsWoche, hat einmal eine Lanze für die Staatsdiener gebrochen: „Beamte sind nicht fauler, träger als andere auch. Würde man die Manager der Wirtschaft zu höheren Beamten und die höheren Beamten zu Managern machen, dann würden sich nach kurzer Zeit die ehemaligen Beamten wie Manager und die ehemaligen Manager wie Beamte verhalten."(0.4) Dafür gebe es, schrieb Engels, konkrete Beispiele, etwa wie die damals noch existierenden staatlichen Postunternehmen.

Prof. Dr. Justus Haucap

Die ökonomische Theorie der Bürokratie hat sich durchgesetzt. Sie lehrt, dass Bürokraten alles daran setzen, den Umfang der von ihnen verwalteten Budgets und die Zahl der ihnen unterstellten Mitarbeiter zu „maximieren". Denn hiervon hängen ihr Ansehen und die Höhe ihres Einkommens ab. Der Grund dafür, dass ein solches Verhalten möglich ist, liegt in so genannten Prinzipal-Agent-Problemen oder einer asymmetrischen Informationsverteilung. In Ministerien und Behörden arbeiten Experten, die über konkrete Zusammenhänge und die Kosten und Nutzen von Vorhaben besser Bescheid wissen als die jeweiligen Entscheidungsträger in der Politik. Diesen Informationsvorsprung nutzen die Experten aus und schlagen primär Vorhaben und Projekte vor, die sie besonders interessieren, ihre Machtfülle oder Bedeutung steigern und die ihnen zu Ansehen in der für sie relevanten Bezugsgruppe verhelfen. Das Interesse der Allgemeinheit wird dabei leicht zweitrangig.

Kritiker wenden dagegen ein, dass in der privaten Wirtschaft – vor allem in großen Konzernen – ähnliche Phänomene zu beobachten sind. Schließlich habe auch Parkinson keineswegs nur öffentliche Verwaltungen im Auge gehabt, sondern auch private Unternehmen. Das ist zweifellos richtig, und die Steuerungsprobleme großer Unternehmen sind unbestritten. Doch gibt es einen wichtigen Unterschied: Private Firmen stehen im Wettbewerb und unter dem ständigen Druck, ihre Leistung steigern zu müssen. Der Staat bzw. die Steuerzahler springen ihnen – von ordnungspolitischen Sündenfällen abgesehen – im Notfall nicht zur Seite. Bei staatlichen Bürokratien – ob nun Behörden oder öffentliche Unternehmen – sieht das ganz anders aus. Bei ihnen alimentieren die Steuerzahler unter Umständen eine dauernde Misswirtschaft, die in privaten Firmen allenfalls vorübergehender Natur sein kann.

Zusammengefasst heißt das, dass Behörden idealerweise zwar lediglich den ihnen von der Politik übermittelten Auftrag erfüllen und keine eigenen Ziele verfolgen sollten. Dass diese Vorgabe in der Praxis erfüllt wird, ist jedoch nicht zu erwarten. Stattdessen geht die positive Theorie der Regulierung davon aus, dass sich Entscheidungsträger auch in bürokratischen Organisationen von ihrem Eigeninteresse leiten lassen. Dieses Eigeninteresse besteht darin, den eigenen Einfluss bzw. die eigene Macht zu maximieren. Einfach ausgedrückt, ist es attraktiv, in einer großen Behörde zu arbeiten oder einer großen Behörde vorzustehen. Daher weisen Behörden eine Tendenz auf, mehr und mehr Aufgaben sowie Mittel auf sich zu vereinen und folglich ihre Kompetenz- und Aufgabenbereiche auszudehnen. Das ineffiziente Wachstum bürokratischer Organisationen ist insbesondere ein

Problem des öffentlichen Sektors, da hier im Gegensatz zu privaten Unternehmen zumeist der Wettbewerbsdruck auf Produktmärkten fehlt und auch die Disziplinierung durch den Kapitalmarkt bzw. die Fremdkapitalgeber viel schwächer ist. Es besteht nicht die Gefahr des Bankrotts oder einer feindlichen Übernahme wie bei privaten Unternehmen. Das ist ein großer Unterschied.

Die politischen Konsequenzen dieser Analyse sind klar: Der Staat und die Kommunen müssen sich konsequent aus allen Bereichen zurückziehen, die dem Markt anvertraut werden können. Hierfür setzt sich die Initiative Neue Soziale Marktwirtschaft (INSM), in deren Auftrag dieses Buch entstanden ist, seit Jahren ein. Die INSM hat erkannt, dass eine neue Grenzziehung zwischen Staat und Markt notwendig ist. Der Wettbewerb muss Vorrang haben, solange nicht eindeutig belegt wird, dass eine staatliche Lösung wirklich überlegen ist. Dies heißt keinesfalls – das gilt es zu betonen – dass Märkte unreguliert sich selbst überlassen werden können. Im Gegenteil, der ordnungspolitische Rahmen ist wichtig, damit die Wettbewerbskräfte die gewünschten Resultate hervorbringen können. Dies ist jedoch etwas anderes als die Erbringung von Leistungen durch den Staat selbst. Der Staat und die Kommunen können und müssen nicht alles selbst machen; vieles können sie Privaten überlassen. Im Einzelfall fällt es jedoch nicht immer ganz leicht zu entscheiden, welcher Weg der richtige ist. Dieses Buch will dazu beitragen, die Zusammenhänge zu verdeutlichen. Welches sind die hoheitlichen Kernaufgaben des Staates, die sich nicht delegieren lassen? Welche Aufgaben sollten besser dem freien Spiel der Marktkräfte überlassen bleiben? Wo verlaufen die Grenzlinien? Dies sind die zentralen Fragen, die dem Buch zugrunde liegen.

Das Autorenteam Sabine Stroinski und Ingo Knerr, das von mir fachlich begleitet und vom früheren Capital-Chefredakteur Ralf-Dieter Brunowsky journalistisch beraten wurde, hat in mühevoller Kleinarbeit mehr als fünfzig staatliche, kommunale oder staatlich alimentierte Behörden und Institutionen recherchiert und analysiert. Wir glauben nicht, dass die von ihnen erfüllten Aufgaben allesamt überflüssig sind. Es heißt auch nicht, dass die Mitarbeiter dieser Institutionen sich nicht nach allen Kräften mühen würden, die ihnen übertragenen Aufgaben im Rahmen der vorgegebenen Möglichkeiten bestmöglich zu erfüllen. Oft könnten private Unternehmen diese Leistungen jedoch besser und kostengünstiger erbringen, ohne dass die Bürger auf eine Dienstleistung oder auf Servicequalität verzichten müssten. Kern ist allerdings oftmals eine intelligente Beauftragung privater Anbieter im Wettbewerb.

Das Buch trägt den Titel „Behördenflut in Deutschland". Was verstehen wir unter einer Behörde? Wir umschreiben mit diesem Begriff alle Institutionen und Unternehmen, an denen die öffentliche Hand mehrheitlich beteiligt ist. Jenseits aller formaljuristischen Unterschiede haben diese „Behörden" eines gemein: Sie werden in den meisten Fällen zumindest teilweise von den Steuerzahlern finanziert. Darüber hinaus haben wir einige Institutionen einbezogen, an denen der Staat zwar nicht beteiligt ist, die er jedoch mit Zuschüssen unterstützt. Ein Beispiel hierfür sind die von Richard Wagner 1872 gegründeten Musikfestspiele in Bayreuth, die der Bund und der Freistaat Bayern jährlich mit vier Mio. Euro bezuschussen, obwohl dieses Festival auch ohne Subventionen auskäme. Eine Subventionierung der High Society ist nicht erforderlich. Mitunter lässt der Staat überdies zu, dass das Geld von Beitragszahlern (z. B. Gesetzliche Krankenkassen) außerhalb jeden Wettbewerbs für eine monopolartige Softwarefirma verwendet wird. Auch ein solches Beispiel haben wir einbezogen.

Nicht interessiert haben wir uns für Behörden, die hoheitliche Aufgaben im engeren Sinne erfüllen. Gemeint sind damit Bereiche wie die Polizei, der Zoll, die Landesverteidigung, die Justiz, das Meldewesen oder die Sozialversicherungen. Solche sensiblen Aufgaben sind aus gutem Grund beim Staat angesiedelt und werden auch nicht unter staatlicher Aufsicht von Privaten erfüllt. Eine einheitliche und allgemein anerkannte Definition, was hoheitliche Befugnisse sind, gibt es aber nicht. Die Grenzen sind fließend.

Den hoheitlichen Aufgaben des Staates entsprechen auf kommunaler Ebene die Pflichtaufgaben der Gemeinden. Hierzu zählen beispielsweise die Müllabfuhr, die Versorgung mit Strom und Wasser oder die Straßenreinigung. Die Kommunen können nicht selbst entscheiden, ob sie diese Leistungen erbringen wollen, sondern setzen lediglich gesetzliche Vorgaben um. Allerdings sind sie nicht verpflichtet, die Aufgaben in Eigenregie auszuführen. Da auch die Kommunen in der Regel, wenn auch nicht in jedem Einzelfall, schlechte Unternehmer sind, drängt es sich geradezu auf, private Firmen zu engagieren. Betreibermodelle ermöglichen es, kommunale Dienstleistungen zu privatisieren, und sind auch in Deutschland weit verbreitet.

Trotzdem halten viele Städte und Gemeinden an ihren Eigenbetrieben fest und bürden ihren Bürgern damit unter Umständen unnötig hohe Lasten auf. Denn unwirtschaftliche Unternehmen müssen ihre Kosten decken – durch höhere Preise, Steuern, Abgaben, Gebühren oder den Verzicht auf Ausgaben an anderer Stelle. Ein Anlass, die Strategie bei der Erfüllung der kommunalen Dienstleistungen zu überdenken, ist dies viel zu selten. Einmal ins Leben gerufene Behörden fristen ein zähes Dasein, und streben irgendwann vor allem nach Selbsterhalt. Bürgerfreundlicher Service wird so oft zur Nebensache.

In den Kommunen ist das Privatisierungspotenzial zweifellos am höchsten. Wir haben daher in diesem Bereich eine Reihe von Betrieben und Behörden identifiziert, deren „Entkommunalisierung" überfällig erscheint – sei es nun der Eigenbetrieb Abfallwirtschaft Stuttgart, der kommunale Winterdienst in Dortmund, die MüritzTherme in Röbel oder das Städtische Bestattungswesen in Leipzig. Diese Betriebe haben durchaus exemplarischen Charakter. In vielen anderen Städten und Kommunen existieren vergleichbare Einrichtungen, die private Firmen ebenfalls deutlich kostengünstiger betreiben könnten. Der teilweise zu beobachtende Trend zur Rekommunalisierung privater Leistungen ist darum aus unserer Sicht verfehlt. Hier werden dem Steuerzahler Risiken und Kosten aufgebürdet, die er nicht tragen sollte.

Eher unter die Rubrik „Kuriositäten" fallen einige Institutionen des Bundes und der Länder. Warum muss zum Beispiel Hessen das mit 200 Hektar Anbaufläche größte deutsche Weingut betreiben, obwohl dieses fortwährend Verluste erwirtschaftet? Was bewegt Nordrhein-Westfalen und zehn weitere Bundesländer dazu, eigene Gestüte zur Pferdezucht zu unterhalten? Und warum hält der Bund noch immer an seiner Monopolverwaltung für Branntwein fest, obwohl der Europäische Gerichtshof das Monopol bereits 1976 gekippt hat?

Das Urteil über solche staatlichen Aktivitäten liegt auf der Hand. Wo – wie im Fall des Weingutes und der Gestüte – subventionierte Staatsunternehmen in Konkurrenz zu privaten Wettbewerbern treten, ist Gefahr in Verzug. Ebenso bedenklich erscheint es, wenn Behörden ohne Ausschreibung Aufträge an staatliche oder kommunale Firmen vergeben. Ein Beispiel für diese Praxis sind die kommunalen Datenzentralen und Rechenzentren in der Republik. Sie haben bei ihren Mitgliedern – den Gemeinden und Landkreisen – eine monopolartige Stellung. Private Anbieter bleiben außen vor, Wettbewerb findet nicht statt. Es versteht sich von selbst, dass die Kommunen unter diesen Bedingungen die benötigten IT-Dienstleistungen nicht gerade zu Niedrigpreisen einkaufen. Vor allem kommt es aber die Steuerzahler teuer zu stehen, wenn so der Wettbewerb ausgeschlossen wird. Wie in vielen anderen Fällen empfehlen wir daher: Privatisiert diese Unternehmen!

In eine andere Kategorie fallen Behörden, die zwar hoheitliche Aufgaben erfüllen, jedoch daneben in großem Stil unternehmerisch tätig sind. Beispielhaft sind zahlreiche Forstämter in Deutschland. Sie wirken laut Gesetz bei der Bauleitplanung mit, kontrollieren die Einhaltung des Forstrechtes, vertreten die „Interessen des Waldes“ in der Landesplanung und beaufsichtigen die privaten und kommunalen Waldeigentümer. Darüber hinaus produzieren viele Forstämter aber in beträchtlichem Umfang Holz. Staatliche Holzwirtschaft hat in Deutschland Tradition, ist – wie die Erfahrung lehrt – jedoch häufig ein Zuschussgeschäft. Private Waldbesitzer arbeiten dagegen durchweg mit Gewinn, weil sie flexibler sind und weniger Personal benötigen. Für dieses Buch haben wir uns beispielhaft den Staatsbetrieb Sachsenforst, ein Unternehmen mit mehr als 1800 Mitarbeitern, angeschaut. Unser Urteil: Sachsenforst sollte sich auf seine hoheitlichen Aufgaben konzentrieren und die Bewirtschaftung des Waldes – ob nun in Kommunal- oder Landeseigentum – an private Anbieter delegieren.

Nicht bei allen Behörden und Institutionen, die wir unter die Lupe genommen haben, fiel unser Urteil eindeutig aus. In einigen Fällen ist uns die Entscheidung über die Existenzberechtigung der staatlichen Institutionen sogar ausgesprochen schwer gefallen. Uns geht es in diesem Buch auch garnicht darum dogmatisch zu urteilen. Vielmehr soll dieses Buch den Diskurs über die Grenzen des Staates als Wirtschaftsakteur vorantreiben. Dies erscheint uns nötiger denn je. Die aktuelle Wirtschafts- und Finanzkrise hat den Marktkritikern in Deutschland und anderswo Auftrieb gegeben. Latent vorhandenes Misstrauen in das System der Sozialen Marktwirtschaft wird unverhohlen geschürt. Der Markt, so wird suggeriert, habe versagt. Privatisierung und Deregulierung seien gescheitert, heißt es. Nötig sei jetzt ein starker Staat. Nur er könne verantwortlich handeln. Das ist jedoch – so pauschal ausgesprochen – ein Irrtum.

Versagt hat nicht allein der Markt, sondern ebenso der Staat. Die Politik in den Vereinigten Staaten hat durch falsche Anreize die Immobilienkrise geschürt und es überdies versäumt, mit einem soliden Ordnungsrahmen den Finanzmärkten Orientierung zu geben. Ein solcher stabiler Rahmen ist in dem Konzept der Sozialen Marktwirtschaft von Ludwig Erhard ebenfalls ein wichtiger Eckpfeiler. Er war die Voraussetzung dafür, dass sich freier und fairer Wettbewerb entfalten und die Bundesrepublik zu einer führenden Industrienation aufsteigen konnte. Der Staat setzte also die Rahmenbedingungen. Für Wachstum und Wohlstand zeichneten jedoch private Initiative und die Mechanismen des Wettbewerbs verantwortlich. Daran hat sich durch die Finanzkrise nichts geändert. Es wäre daher ein fataler Fehler, würde die Politik in ihrem Bemühen nachlassen, die Marktkräfte durch Privatisierung, Liberalisierung und Bürokratieabbau zu stärken.

In der jüngeren Vergangenheit hat die Liberalisierung des Telekommunikationsmarktes in Deutschland eindrucksvoll belegt, welche Kräfte der Wettbewerb freisetzen kann. Das lässt sich vor allem an der Preisentwicklung ablesen. Telefonate verbilligten sich in den ersten beiden Jahren nach der Marktöffnung (1998) zum Teil um bis zu 90 Prozent. Die Konkurrenten der Deutschen Telekom gewannen in einigen Bereichen beachtliche Marktanteile und schufen zehntausende Arbeitsplätze. Zugleich warteten die Unternehmen in den letzten Jahren mit zahlreichen innovativen Produkten und Diensten auf. Ein Selbstläufer war der Wettbewerb aber nicht. Das Telekommunikationsgesetz schuf den Rahmen für die Liberalisierung des Marktes, und die 1998 gegründete Regulierungsbehörde steuerte effektiv das Zusammenspiel der neuen Anbieter mit dem Ex-Monopolisten Deutsche Telekom.

Als die Liberalisierungsdiskussion Anfang der 1990er Jahre geführt wurde, rechnete wohl kaum jemand mit einer solchen Erfolgsgeschichte. Viele konnten sich nicht einmal vorstellen, dass die Post und die aus ihr hervorgegangene Telekom überhaupt privatisiert und in den Wettbewerb mit anderen Unternehmen treten könnten. Man hatte sich an den schwerfälligen und wenig innovativen Staatskonzern gewöhnt.

Gewohnheitsmäßig wird auch heute noch so manche Behörde oder so manches öffentliche Unternehmen hingenommen. Man stellt sie selbst dann nicht in Frage, wenn man unzufrieden ist oder einem die Gebühren oder Kosten unangemessen hoch erscheinen. Damit und mit der Verschwendung von Steuergeldern muss Schluss sein! Wir haben daher dieses Buch recherchiert und geschrieben. Es soll für das Thema sensibilisieren und Denkblockaden lösen. Zugleich möchten wir Sie, unsere Leser, animieren, uns bei der Suche nach überflüssigen Behörden zu unterstützen. Das Forum für Ihre Vorschläge finden Sie auf der Website www.insm.de. Schicken Sie uns Ihre Anmerkungen. Wir sammeln sie, werten sie aus und stellen sie im politischen Raum zur Diskussion.

Prof. Dr. Justus Haucap

Behördenflut in Deutschland

50 BEISPIELE

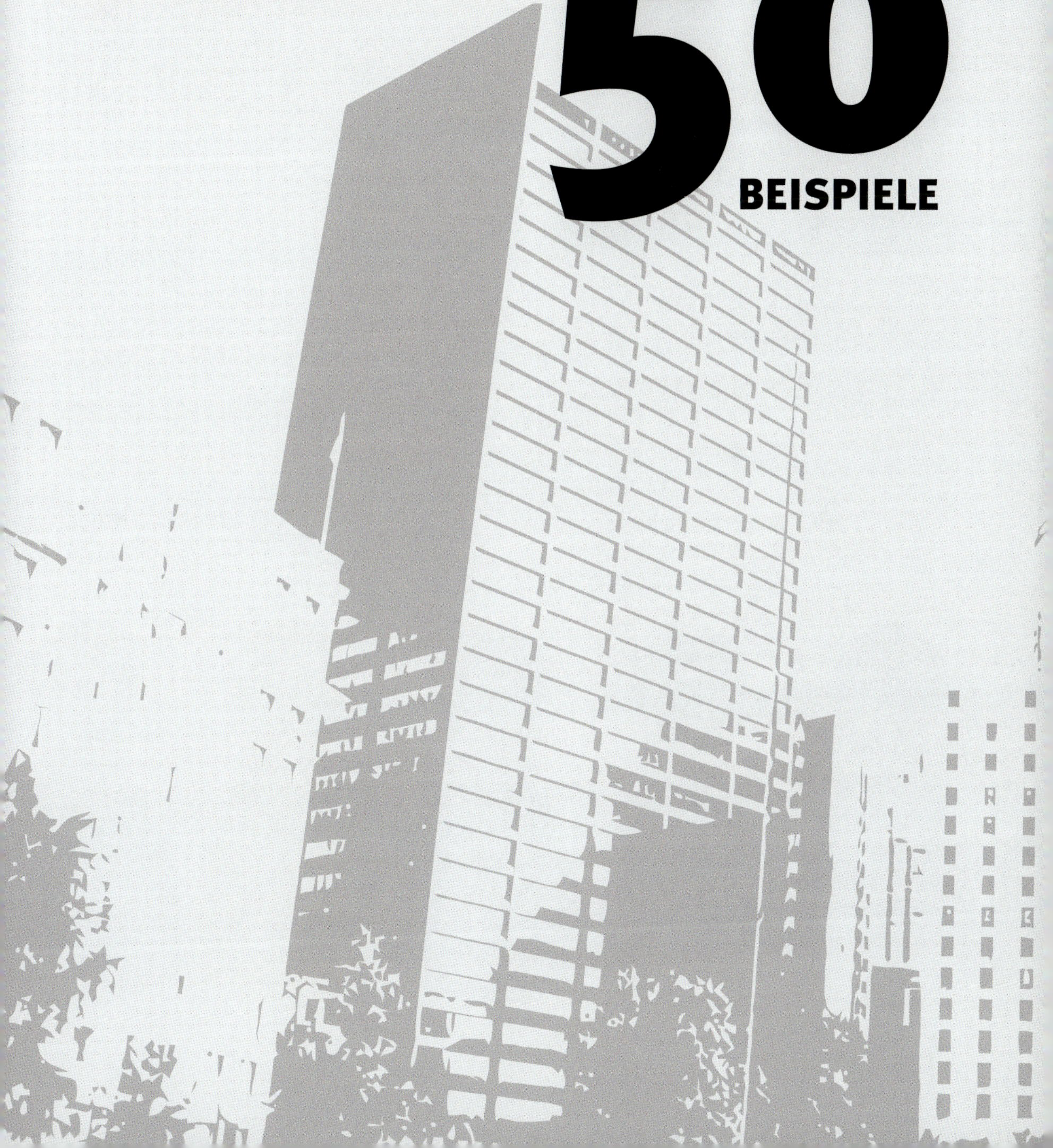

Antidiskriminierungsstelle des Bundes ADS

1

Wenn neue Behörden gegründet werden, muss man genauer hinsehen: In Umsetzung von vier Europäischen Richtlinien aus den Jahren 2000 bis 2004 setzte der Bund im Jahr 2006 das Allgemeine Gleichbehandlungsgesetz (AGG) in Kraft. Was die EU aber nicht verlangte: eine neue Behörde, die „Antidiskriminierungsstelle des Bundes" (ADS) in Berlin.
Sie fungiert als Beschwerdestelle für Diskriminierungen entsprechend der EU-Vorgaben in den Bereichen Rasse, ethnische Herkunft und Geschlecht.
Darüber hinaus dehnt allerdings Deutschland den Kompetenzbereich des Gesetzes auch auf die Religion, Weltanschauung, Behinderung, Alter und sexuelle Identität aus – auch das wurde von der EU gar nicht verlangt. Die ADS sieht sich als „unabhängige Dienststelle" mit einem 17köpfigen Beirat, in dem die Vertreter verschiedener gesellschaftlicher Gruppen sitzen. Der Beirat ist genauso groß wie die Zahl der Mitarbeiter. Die ADS berät Betroffene, macht Öffentlichkeitsarbeit, verhindert Benachteiligungen und legt dem Bundestag im Vier-Jahres-Turnus Berichte vor.

Bevölkerung skeptisch

Dass niemand diskriminiert werden sollte, ist wohl eine Selbstverständlichkeit, und dies kann die Mehrheit der Deutschen auch nachvollziehen: Nach einer von der ADS in Auftrag gegebenen Studie halten 68 Prozent der Bevölkerung Gleichbehandlung der gesellschaftlichen Gruppen grundsätzlich für wichtig und sogar für einen Wettbewerbsvorteil im globalisierten Umfeld.

In der gleichen Studie stoßen konkrete Antidiskriminierungsmaßnahmen bei etwa 50 Prozent der Deutschen auf zum Teil massive Ablehnung. In welchem Umfang in deutschen Unternehmen wirklich diskriminiert wird, weiß in Wirklichkeit niemand. Die Initiative Neue Soziale Marktwirtschaft hat im Mai 2007 als Folge des Allgemeinen Gleichbehandlungsgesetzes (AGG) Kosten für die Wirtschaft von 1,73 Mrd. Euro ermittelt. Die ADS kommt in einer Gegenstudie „nur" auf Kosten von 26 Mio. Euro, da es schwer sei, indirekte Kosten zu ermitteln. Die ADS selbst kostet den Steuerzahler jährlich ca. 2,8 Mio. Euro.

EMPFEHLUNG: DIE ADS ABSCHAFFEN

Das deutsche Zivil- und Arbeitsrecht bietet schon heute ausreichend Schutz vor Diskriminierung. Aber wozu dann eine Behörde? Die europäischen Richtlinien wurden ohne zwingenden Grund übererfüllt. Das Allgemeine Gleichbehandlungsgesetz (AGG) nennen die Arbeitgeberverbände ein „Beschäftigungsgesetz für Rechtsanwälte". Laut Arbeitgeberpräsident Dieter Hundt hat die Zahl der Klagen wegen vermeintlicher Diskriminierung deutlich zugenommen (was 2007 von der Bundesregierung bestritten wurde). In Baden-Württemberg sind jedoch im ersten Jahr nach Inkrafttreten des AGG mehr als hundert Verfahren anhängig gewesen. Die Einführung der entsprechenden Europäischen Richtlinien hat die Wirtschaft wohl erst bemerkt, als die Richtlinien schon verabschiedet waren. So müssen wir wohl mit dem AGG leben, aber die Antidiskriminierungsstelle ist absolut überflüssig.

Beauftragter der Bundesregierung für Tourismus

2

Die Beauftragten der Bundesregierung sind eine eigene Amtskategorie. Ihre Zahl wächst stetig - nicht nur im Bund, sondern auch in Ländern und Kommunen. Im Bund sind sie verschiedenen Bundesministerien zugeordnet und haben spezielle Aufgaben. Einige stehen riesigen Behörden vor, wie die Beauftragte der Bundesregierung für die Unterlagen des Staatssicherheitsdienstes der ehem. DDR (BStU), auch Birthler-Behörde genannt. Andere machen diesen Job in Personalunion. So nimmt zum Beispiel Dr. Thomas de Maizière als Bundesinnenminister gleichzeitig die Aufgaben des Beauftragten für die Angelegenheiten der neuen Bundesländer wahr. Manche sind fast Einzelkämpfer wie die Patientenbeauftragte oder der Beauftragte für die Tourismuswirtschaft, der nebenbei noch als Bundestagsabgeordneter sowie Bäckermeister und Konditor fungiert. Allen steht jedoch Personal zu.

Besucherschlange vor dem Deutschen Reichstag in Berlin.

Existenz im Schatten der Medien

Als Tourismusbeauftragter zeichnet er die beliebtesten Bauernhöfe aus, kennt die Bedeutung der Flüsse und Seen für die Tourismuswirtschaft und analysiert professionell die Chancen und Herausforderungen für seine Branche. Mit Sorge beobachtet er beispielsweise, dass viele Bundesbürger aufgrund der hohen Energiepreise nicht nur im Urlaub, sondern auch am Urlaub sparen. Der Beauftragte der Bundesregierung für Tourismus ist ein gut informierter Mann. Allerdings führt er eine Existenz im Schatten der Medien. Er ist eine ungewöhnlich unauffällige Gestalt in der sonst an publikumswirksamen Inszenierungen nicht armen Bundeshauptstadt Berlin.

Über den Dächern von Rothenburg ob der Tauber.

Die Position des Tourismusbeauftragten wurde im Dezember 2005 per Kabinettsbeschluss geschaffen. Ernannt wurde der langjährige und verdiente Bundestagsabgeordnete Ernst Hinsken, ehemals Parlamentarischer Staatssekretär beim Bundesminister für Ernährung, Landwirtschaft und Forsten, von der CSU. Er ist direkt dem Bundesminister für Wirtschaft und Technologie zugeordnet. Als Ansprechpartner für die Wirtschaft und ihre Verbände vertritt er tourismuspolitische Anliegen und leitet den Beirat für Fragen des Tourismus im Wirtschaftsministerium. Zur Unterstützung seiner Aktivitäten steht dem Beauftragten eine persönliche Assistentin zur Seite. Für seine Tätigkeit als Beauftragter erhält Herr Hinsken ein monatliches Salär der Stufe 1 (1.000 bis 3.500 Euro). So wenig? Das natürlich zuzüglich zur Abgeordnetenentschädigung von jährlich 92.016 Euro sowie der steuerfreien Kostenpauschale in Höhe von 46.416 Euro.

Empfehlung: Abschaffen

Zahlreiche Institutionen und Verbände in Deutschland fördern den Tourismus. Einer zusätzlichen Position hätte es nie bedurft. Hier wurde für einen verdienten MdB eine unnötige Versorgungsposition geschaffen, die nun wirklich niemand braucht. Unsere Empfehlung: Schafft den Tourismusbeauftragten wieder ab und prüft dabei gleich, ob die Tätigkeit des einen oder anderen Beauftragten nicht auch an die zuständigen Fachressorts delegiert werden könnte.

Bergamt Stralsund

3

Dieses Bergamt, gegründet im Jahr 1900, war bis in die 1930er Jahre die Aufsichtsbehörde für den Abbau von Salz und Kali. Von 1934 bis 1990 brauchte die Region keine eigene Landesbehörde für den Bergbau. In einer Festbroschüre zum 100jährigen Bestehen der Bergbehörden im Jahr 2000 schreibt der damalige Wirtschaftsminister des Landes Mecklenburg-Vorpommern Prof. Dr. Rolf Eggert: „Erst nach der Wiedervereinigung ergab sich für das Land Mecklenburg-Vorpommern ab 1990 die Notwendigkeit des Aufbaus einer eigenständigen Bergverwaltung.“

Vom Kalibergbau zur Kiesgrubenkontrolle

Seit 1990 beaufsichtigt das Bergamt mit echten „Bergräten“ (Regierungsrat im Bergbau) u. a. den Abbau von Steine und Erden, also Kiesgruben etc. Dazu gehört die Bearbeitung von Bergbauberechtigungen und Betriebsplanverfahren für das Land Mecklenburg-Vorpommern einschließlich des dazugehörigen Küstenmeeres und Festlandsockels. Zudem ist das Bergamt zuständige Behörde für die Durchführung von Planfeststellungsverfahren für Gashochdruckleitungen nach dem Energiewirtschaftsgesetz sowie für die Gefahrenabwehr in Altbergbauen. In Mecklenburg-Vorpommern wurden 2007 unter anderem 354.900 Tonnen Kreide gefördert, 12.368 Tonnen Kies, Quarz- und Spezialsand, 83.414 Tonnen Torf, 4.595 Tonnen Erdöl und 12.771.000 Kubikmeter Erdgas.

Hafen von Stralsund

Seit 2005 laufen umfangreiche Planungen für den Bau zweier Erdgashochdruckleitungen („Nord Stream") von Russland nach Greifswald/Lubmin, für deren Genehmigung das Bergamt Stralsund zuständige Behörde im Rahmen des Energiewirtschaftsgesetzes ist. Infolge des geplanten Baus dieser Erdgasleitungen sind von Landesseite weitere Leitungssysteme und der Bau mehrerer Gasspeicher in Vorbereitung, die das Bergamt als Fachbehörde begleiten wird. Wo also weniger Berge sind, sucht man sich neue Aufgaben.

Empfehlung: Alle Landesbergämter zu einer Bundesbehörde zusammenfassen

Eine eigenständige Behörde mit übrigens nur 18 Mitarbeitern (2010) ist zu aufwändig. Es ist umstritten, ob die Aufgaben des Bergamtes landeshoheitlich geregelt werden sollten. Berlin und Brandenburg haben ihre Bergämter zusammengelegt, in Rheinland-Pfalz ist die Zusammenlegung mit dem Landesamt für Geologie im Gespräch. Auch in Mecklenburg-Vorpommern gibt es ein Landesamt für Umwelt, Naturschutz und Geologie. Denkbar ist auch eine Bundeslösung. Immerhin brauchte ja auch Mecklenburg-Vorpommern knapp 50 Jahre keine eigene Landesbehörde für den Bergbau.

Portikus der Deutschen Staatsoper in Berlin

Bühnenservice der Stiftung Oper Berlin

4

Es gibt Schätzungen, wonach der Staat die deutschen Opern- und Theaterhäuser mit jährlich 2 Mrd. Euro unterstützt. Zu den größten Subventionsempfängern gehören dabei die Berliner Opern. Seit April 2004 gibt es die „Stiftung Oper in Berlin", die für 2010 und 2011 jeweils nicht weniger als 123,4 Mio. Euro an staatlichen Zuschüssen eingeplant hat. Das Gesamtbudget liegt 2010 bei 154 und 2011 bei 153,5 Mio. Euro. Die Stiftung ist für alle Mitarbeiter der drei Opern, des Staatsballettes Berlin und des Bühnenservice-Betriebes Arbeitgeber und Eigentümer aller Liegenschaften und Werkstätten. Der Bühnenservice wurde als gemeinnützige GmbH ausgegründet, die zentral die Opern bedient, die früher eigene Werkstätten hatten. Der Bühnenservice-Betrieb entwirft Bühnenbilder, Masken und Kostüme und baut Bühnen, Traversen-, Licht- und Soundsysteme auf. Insgesamt 217 Mitarbeiter beschäftigt der Betrieb für seine Dienstleistungen bei einem Etat von 36 Mio. Euro. 28,2 Mio. davon zahlt letztlich der Steuerzahler in Form von Zuschüssen. Seit Herbst 2008 wird an einer zentralen Werkstatt gebaut, die bis zum Herbst 2010 fertig gestellt werden soll. Die hohen Subventionen sind teilweise ein Ergebnis der Wiedervereinigung: Ost- und Westberlin hatten jeweils ihre eigenen Theaterstätten. Die Politiker hatten nicht den Mut, einige davon zu schließen oder zu privatisieren. Rund 600 Mio. Euro ließ sich der Berliner Senat zwischen 2005 und 2007 die Unterstützung von Theatern und Opern kosten. Ein horrender Betrag, der nicht zu rechtfertigen ist. Von allen Teilen dürfte der Bühnenservice noch die größten Chancen haben, als privater Anbieter ohne staatliche Zuschüsse auszukommen, wenn die Opern und Theater weiterhin Auftraggeber bleiben.

EMPFEHLUNG: PRIVATISIEREN

Die Unterhaltung von Staatsopern ist im Rahmen des Kulturauftrages der Länder eine legitime Aufgabe, wenngleich die Höhe der Subventionen dem Steuerzahler nicht zuzumuten ist. Die Bühnenservice GmbH sollte an private Dienstleister verkauft werden. Die nötigen handwerklichen, technischen und kunsthandwerklichen Leistungen können mit Sicherheit auch von privaten Firmen erbracht werden, die Teile oder den gesamten Bühnenservice-Betrieb übernehmen könnten. So blieben der Stiftung Personal- und sonstige Fixkostenblöcke erspart. Unsere klare Empfehlung daher: Delegiert diese Aufgaben an private Dienstleister.

Bundesamt für Bauwesen und Raumordnung

5

Fachliche Beratung

Verglichen mit der Lebensweise im Mittelalter entspricht unser moderner mitteleuropäischer Haushalt einem Labor, in dem die Grundbedürfnisse Wärme, Nahrung und Sicherheit von komplexen technischen Systemen bedient werden. Doch der technische Fortschritt geht weiter. Es ist also an der Zeit, sich Gedanken über das Wohnen im Jahr 3000 zu machen, meint die Forschungsinitiative „Zukunft Bau" des Bundesministeriums für Verkehr, Bau und Stadtentwicklung. Das Projekt soll die Wettbewerbsfähigkeit des deutschen Bauwesens im europäischen Binnenmarkt stärken. Betreut wird es vom Bundesamt für Bauwesen und Raumordnung (BBR), das die Bundesregierung fachlich-wissenschaftlich berät.

Üppig ausgestattete Behörde

Errichtet wurde das Bundesamt zum 1. Januar 1998 durch die Fusion der Bundesforschungsanstalt für Landeskunde und Raumordnung mit der Bundesbaudirektion. Erster Dienstsitz der mit rund 1.230 Mitarbeitern und einem Etat von 209 Mio. Euro recht üppig ausgestatteten Behörde ist Bonn. Das BBR berät nicht nur die Bundesregierung. Es betreut auch Bundesbauten im In- und Ausland. Das Aufgabenspektrum reicht von der Großbaustelle bis zu raumordnerischen und städtebaulichen Modellprojekten, von Fragen der Baukultur und der Denkmalpflege bis zu Fragen der europäischen Zusammenarbeit, von Architekturwettbewerben bis zu Raumordnungsberichten und Wohnungsmarktstudien.

Empfehlung: Radikal verschlanken

Die Betreuung von Bundesbauten im In- und Ausland ist keine Staatsaufgabe. Das können Archi-

tekten und Bauunternehmen besser und kostengünstiger leisten. Zudem sollte die Bundesregierung stärker auf die Expertise von Universitäten und Fachhochschulen bei der zukünftigen Gestaltung von Städten und Häusern zurückgreifen. Unsere Empfehlung daher: Fokussiert das BBR auf Tätigkeiten wie die Raumordnung und Denkmalpflege und verschlankt die Behörde radikal.

Bundesamt für Kartographie und Geodäsie (BKG)

6

Wussten Sie, dass sich die Erde im Herbst durch den Fall des Laubes schneller dreht als zu allen übrigen Jahreszeiten und daher ein Tag im Winter ungefähr eine tausendstel Sekunde kürzer ist als einer im Sommer? Diese interessante Information verdanken wir dem Bundesamt für Kartographie und Geodäsie, das sich als „modernes Kompetenzzentrum für Geodäsie, Kartographie und Geoinformation" auf seiner Website vorstellt.

Ja, früher hatte das BKG noch „richtige" Aufgaben. 1950 als Nachfolger des „Instituts für Erdmessung" gegründet, hieß das Amt bis 1997 „Institut für angewandte Geodäsie". Es produziert bis heute Geodaten, Landkarten, Schriften, Referenzsysteme und Informationsdienste. Das BKG ist eine Bundesoberbehörde im Geschäftsbereich des Bundesministeriums des Innern.

Gefährlich nah am Markt

Im Onlineshop des BKG kann man Karten, Geodaten und Dienste kaufen. Das Amt bietet Webdienste an, hält Fachwörterbücher online bereit, pflegt im Internet eine Literaturdatenbank für Geodäsie, Photogrammetrie, Kartographie und unterhält ein GeoDaten-Zentrum, geodätische Observatorien und bildet in den Berufen Kartograph(in) und Feinwerkmechaniker(in) aus. Auf der Grundlage einer Verwaltungsvereinbarung mit den Bundesländern stellt das GeoDatenZentrum (GDZ) des BKG länderübergreifend und flächendeckend harmonisierte Geobasisdaten des Amtlichen Topographisch-Kartographischen Informationssystems (ATKIS®) bereit. Die zentrale Vermarktung der Daten erfolgt durch den GeoDatenVertrieb des BKG. Staatliche Aufgaben? Nein. Das BKG ist mit Expertengruppen an zahlreichen internationalen Kooperationsprojekten beteiligt, wirkt mit oder koordiniert diese. Müssen solche Aufgaben durch eine staatliche Behörde mit mehr als 290 Mitarbeitern erledigt werden? Der Etat beträgt über 26 Mio. Euro.

Empfehlung: Privatisieren

Die Aktualisierung von Kartenmaterial, kostenpflichtige Informationssysteme und die Weiterentwicklung der bereits heute hochpräzisen Geoinformations- und Navigationssysteme sind Aufgaben, die in den Bereich der Privatwirtschaft gehören. Die fortlaufende Finanzierung über Steuergelder sollte eingestellt werden. Selbst die Beratung der Bundesregierung auf dem Gebiet des Geoinformationswesens können Private übernehmen. Die Bundesregierung greift in vielen Fällen auf externen Sachverstand zurück. Für Forschungs- und Entwicklungsprojekte bieten sich Universitäten und Institute an, die heute schon an ähnlichen Aufgaben wirken. Die Deutsche Forschungsgemeinschaft hat bestimmt den richtigen Tipp auf der Suche nach einem geeigneten Partner.

Bundesdruckerei

7

Sie hat schon einige Semester auf dem Buckel, die 1879 in Berlin gegründete Bundesdruckerei, und eine wechselvolle Geschichte. Staatliche Aufträge hatte sie schon immer genug. Seit 2005 stellt sie unter anderem die deutschen elektronischen Reisepässe her und liefert seit 2008 elektronische Dienstausweise für Bundesbehörden, die Polizei des Bundes und die Bundeswehr. Darüber hinaus fertigt die Bundesdruckerei Banknoten, Postwert- und Steuerzeichen sowie elektronische Publikationen. Der Umsatz 2008 lag bei über 300 Mio. Euro, die Zahl der Beschäftigten bei etwa 1.450. Bereits 1994 beschloss das Bundeskabinett, die Bundesdruckerei in eine Gesellschaft mit beschränkter Haftung (GmbH) umzuwandeln. Zunächst wurde in einem Zwischenschritt der Bund Alleingesellschafter.

Missglückte Privatisierung

Der damalige Bundesfinanzminister Hans Eichel vollzog im November 2000 die lange geforderte Privatisierung und verkaufte die Druckerei für mehr als 1 Milliarde Euro. Doch der Deal entwickelte sich zu einem der größten Privatisierungsfehlschläge. Nach zwei Jahren war die Bundesdruckerei abgewirtschaftet, ausgesogen und stand vor der Pleite: ein prominentes Heuschreckenopfer, denn der Investor hatte den Kauf mit staatlichen Krediten finanziert und die Schulden dem Unternehmen aufgebürdet. 2002 wurde die Zahlungsunfähigkeit der Authentos GmbH abgewendet, nachdem sich Gesellschafter, Kreditgeber und der Bund auf einen Zahlungsverzicht geeinigt hatten. Für den symbolischen Kaufpreis von einem Euro wurde der Druckkonzern an zwei Zwischenerwerber übertragen. Das Unternehmen robbte sich in den Folgejahren langsam aus den roten Zahlen heraus, wenngleich es seinen Umsatz vom Jahr 2000 in Höhe von 1,1 Mrd. Euro noch lange nicht wieder erreicht hat. Die Suche nach geeigneten Käufern begann von vorn. In- und ausländische Interessenten beteiligten sich an den Bietergesprächen. Beim Thema ausländische Bieter schüttelten die Vertreter des Bundes stets

den Kopf: „Keinesfalls", hieß es in den beteiligten Ministerien, obwohl ausländische Investoren bis zu 900 Mio. Euro zahlen wollten. Doch im ganzen Land fand sich keiner, der bereit war, auch nur einen halbwegs für den Treuhänder und die Regierung akzeptablen Preis für das Unternehmen zu bezahlen. Bis zu 400 Mio. Euro soll Giesecke & Devrient (G&D) für die Bundesdruckerei geboten haben. Auch der TÜV Nord soll seinen Hut in den Ring geworfen, aber ebenfalls eher sparsam kalkuliert haben.

Zurück in die Geborgenheit des Staates

Die Bietergespräche galten als gescheitert. Im März 2009 wurde die Bundesdruckerei GmbH durch die Bundesrepublik Deutschland zurückgekauft – auf Kosten des Steuerzahlers. Unterschiedliche politische Interessen haben den Verkauf an private Bieter verhindert. Von Vertretern der zu diesem Zeitpunkt nicht an der Regierung beteiligten Parteien wurde der Bundesbeschluss zum Teil heftig kritisiert. So erklärte damals Jürgen Koppelin, die Rückverstaatlichung der Bundesdruckerei sei „das Eingeständnis eines teuren Fehlers". Heute ist Koppelin Stellvertretender Vorsitzender der FDP-Bundestagsfraktion.

Empfehlung: Erneut privatisieren

Die Bundesdruckerei ist allerdings kein sinnvolles Objekt für ein Private-Equity-Unternehmen, das von Anfang den Weiterverkauf im Sinn hat und deshalb die Finanzierung des Kaufpreises dem Unternehmen selbst auflädt. Besser wäre die Übernahme durch ein branchenorientiertes und international agierendes Unternehmen. Die Aufgaben der Druckerei und die dabei vorliegenden Sicherheitsinteressen lassen sich vollständig von privater Hand wahrnehmen. So wurde bereits in der Vergangenheit ein Teil des Geldes von Privatunternehmen wie Giesecke & Devrient gedruckt.

Bundesinstitut für Bevölkerungsforschung

8

19 Wissenschaftlern und weiteren 10 Mitarbeitern des BIB Wiesbaden (dem Bundesinstitut für Bevölkerungsforschung) verdanken wir nicht wirklich überraschende, jedoch „wohlformulierte" Erkenntnisse über unsere Bevölkerung: „Die Zahl der Eheschließungen ist ähnlich wie die Geburtenhäufigkeit seit den 1960er Jahren deutlich gesunken. Neben der sinkenden Heiratsneigung trug auch der Rückgang von Personen in den Altersjahren mit der höchsten Heiratsintensität zu den zurückgehenden Eheschließungszahlen bei." Als nicht rechtsfähige Bundesanstalt im Geschäftsbereich des Bundesministeriums des Innern gegründet, wird es in Verwaltungsgemeinschaft mit dem Statistischen Bundesamt geführt. Das BIB forscht, informiert und berät – vor allem die Politik als Grundlage für Entscheidungen. Für diesen Zweck interpretiert das Institut demographische Trends und Analysen. Es ist außerdem für die Vergabe von Forschungsprojekten und deren Finanzierung aus Steuergeldern zuständig, es werden Workshops abgehalten, bei denen man sein Wissen teilt, beispielsweise zu Lebensformen in Krisenzeiten. Dafür hat das Max Planck Institut for Demographic Research Rostock Erkenntnisse über die Fertilität von Ost-West-Migranten in Deutschland zusammengetragen. Das Staatsinstitut für Familienforschung der Universität Bamberg seinerseits steuert die gelebte Aufgabenteilung beim Übergang zur Elternschaft bei.

Am Tropf des Staates

Mit einem Etat von deutlich über 2 Mio. Euro ausgestattet kann das Institut in aller Ruhe vor sich hin forschen – mit oder ohne Krise –, und so ist die Liste der Projekte und Publikationen des BIB lang, denn das Verhalten der Bevölkerung im Kontext zu den gesellschaftlichen Rahmenbedingungen ist ein weites Feld. Demografische und sonstige statistische Angaben über die Bevölkerung (wie wir leben, was wir so tun) liefern das Statistische

Bundesamt, die entsprechenden Landesämter und viele Fachbereiche in Hülle und Fülle. Republikweit sind viele Institute, oft massiv öffentlich bezuschusst, damit beschäftigt, Bevölkerungsforschung zu betreiben, u. a. das „Rostocker Zentrum zur Erforschung des Demografischen Wandels", die „Europäische Beobachtungsstelle zur Demografie und sozialen Lage", das „Mannheimer Forschungsinstitut Ökonomie und demographischer Wandel (mea)", die Universität Bielefeld mit ihrem „Institut für Bevölkerungs- und Gesundheitsforschung", das „Internationale Institut für Empirische Sozialökonomie (inifes)" und andere mehr.

Empfehlung: Schliessen

Das Bundesinstitut für Bevölkerungsforschung steht wegen der Qualität seiner Arbeit in der Kritik des Wissenschaftsrates. Außerdem haben sich auf dem Gebiet der Forschung und Politikberatung neben den vielen öffentlich finanzierten Einrichtungen längst privat finanzierte Institute etabliert, die dem BIB den Rang ablaufen. Unter anderen das Berlin-Institut für Bevölkerung und Entwicklung, das seine Hauptaufgabe darin sieht, wissenschaftliche Erkenntnisse für die Öffentlichkeit und für den politischen Entscheidungsprozess aufzubereiten sowie Konzepte zur Lösung demographischer und entwicklungspolitischer Probleme zu erarbeiten. Ohne Zweifel sind fundierte Aussagen zur Bevölkerungsentwicklung für viele Politikbereiche hilfreich und notwendig. Für die Koordinierung der republik- und weltweit produzierten Informationen und die Vergabe von Aufträgen an Dritte muss der Bund nun wirklich nicht ein eigenes Bundesinstitut für Bevölkerungsentwicklung vorhalten.

Bundesinstitut für Kultur und Geschichte der Deutschen im östlichen Europa (BKGE)

9

Das kulturelle deutsche Erbe

„Zahlreiche Gebiete im östlichen Europa sind", heißt es in einer Broschüre des BKGE, „historisch mehreren Ethnien, Nationen und Staaten zuzuordnen, verfügen über eine doppelte oder gar mehrfache Identität." Die meisten Regionen seien seit dem Hochmittelalter von Deutschen mit geprägt worden. Das dank der vielfältigen Wechselbeziehungen so bemerkenswerte kulturelle Erbe in Schlesien, Pommern, Ost- und Westpreußen, in Böhmen und Mähren, im Baltikum oder im Banat und in Siebenbürgen könne sowohl in den Regionen selbst als auch als europäisches Paradigma identitätsstiftend wirken.

Berater der Bundesregierung

Solchen Erkenntnissen verdankt das Bundesinstitut seine Existenz. Das BKGE soll das kulturelle Erbe im östlichen Europa erforschen und bewahren, die Bundesregierung in allen Fragen des Themas beraten und den wissenschaftlichen Austausch mit in- und ausländischen Partnern im Rahmen von Projekten pflegen. Gegründet wurde das Institut 1989 im niedersächsischen Oldenburg. Es ist als Bundesbehörde dem Kulturstaatsminister nachgeordnet und mit der Universität in Oldenburg verbunden. Insgesamt 17 Mitarbeiter stehen im Dienst des BKGE. Der Etat beläuft sich auf 896.000 Euro (2009).

WEG DAMIT

Empfehlung: Schliessen

Es gibt in Deutschland zahlreiche Institutionen, die das gesamte Themenspektrum systematisch bearbeiten, zum Beispiel die Deutsche Gesellschaft für Osteuropakunde. Unsere Empfehlung daher: Schließt das Institut.

10

Bundesinstitut für Risikobewertung

Hüter des Sacks Reis

Der berühmte Sack Reis, der irgendwann in China umfällt, was unberechenbare Folgen nach sich ziehen kann, steht sozusagen im Mittelpunkt der Arbeit des Bundesinstituts für Risikobewertung (BfR). Es soll dazu beitragen, dass Lebensmittel, Stoffe und Produkte sicherer werden und die Verbraucher geschützt sind. Das BfR hat den gesetzlichen Auftrag, über mögliche, identifizierte und bewertete Risiken zu informieren. Selbstverständlich eine wichtige Aufgabe, die allerdings schon andere wahrnehmen.

Üppige Personalausstattung

Das Institut wurde 2002 infolge des „Gesetzes zur Neuorganisation des gesundheitlichen Verbraucherschutzes und der Lebensmittelsicherheit" errichtet und ist dem Bundesministerium für Ernährung, Landwirtschaft und Verbraucherschutz zugeordnet. Seit 2007 koordiniert das BfR den wissenschaftlichen Informationsaustausch zwischen der Europäischen Behörde für Lebensmittelsicherheit (EFSA) und den für die nationale Lebensmittel- und Futtermittelsicherheit zuständigen Stellen. Die Personalausstattung ist vor dem Hintergrund des Aufgabenspektrums recht üppig. Das Institut beschäftigt rund 699 Mitarbeiter, denen ein Etat von über 56 Mio. Euro (2009) zur Verfügung steht.

Empfehlung: Radikal verschlanken

Die Europäische Behörde für Lebensmittelsicherheit (EFSA) bewertet die beschriebenen Risiken bereits und stellt ihr Wissen allen verantwortlichen Behörden in den EU-Staaten zur Verfügung. Als Koordinierungs- und Informationstransferstelle ist das Bundesinstitut aber zu großzügig alimentiert. Zudem gibt es in Deutschland zahlreiche andere Institutionen, die öffentlich gefördert werden und die Bürger ebenfalls über Risiken informieren – von der Bundeszentrale für Gesundheitliche Aufklärung bis zu den Verbraucherverbänden.

Traditional Basmati Rice
Cooking Method

Das BuJazzO bei Tag der offenen Tür des Deutschen Bundestages am 14. September 2008 unter der Leitung von Jiggs Whigham

Bundesjazzorchester

11

Keine hoheitliche Aufgabe

Es liegt auf der Hand, dass es keine hoheitliche Aufgabe des Staates ist, bestimmte Musikrichtungen mit Steuergeldern zu fördern. Trotzdem wurde das Bundesjazzorchester 1988 auf Vorschlag des Deutschen Musikrates gegründet. Am 6. Januar 1988 trat das BuJazzO, wie es kurz genannt wird, im Bundeskanzleramt in Bonn erstmals öffentlich auf. Seitdem hat das Orchester in 44 Arbeitsphasen, die im Winter und Sommer stattfinden, den deutschen Jazz-Nachwuchs gefördert. In Schüler- und Jugend-Bigbands oder in Schulen, Musikschulen und Musikhochschulen wird nach Talenten gefahndet, um sie in ihrer künstlerischen und persönlichen Entwicklung zwei Jahre lang zu begleiten. Das Höchstalter der Teilnehmer liegt bei 24 Jahren. Nach Angaben des BuJazzO hat das Orchester inzwischen mehr als 400 jungen Menschen dazu verholfen, in allen Bereichen der Musikszene Fuß zu fassen und ihr Impulse zu geben.

Private und staatliche Sponsoren

Förderer des Bundesjazzorchesters sind das Bundesministerium für Familie, Senioren, Frauen und Jugend, der Westdeutsche Rundfunk, die Gesellschaft von Leistungsschutzrechten sowie die Daimler AG. Diese Sponsoren stellen dem Deutschen Musikrat insgesamt 2,756 Mio. Euro bereit. Das Geld wird auf insgesamt 16 Musikinitiativen verteilt. Neben dem BuJazzO werden zum Beispiel auch der Deutsche Chorwettbewerb und der Deutsche Orchesterwettbewerb gefördert. Im statistischen Durchschnitt erhält somit jede Initiative rund 172.000 Euro pro Jahr.

Empfehlung: Öffentliche Förderung abschaffen

Der Bund hat sich entschieden, das Bundesjazzorchester zu alimentieren. Dabei steht das Orchester jedoch nur beispielhaft an dieser Stelle. Richtig teuer für den Steuerzahler sind die vielen staatlichen Orchester und Chöre, deren Akteure fest angestellte öffentliche Bedienstete sind. Staatliche Orchester, noch dazu für eine Minderheit von Musikliebhabern, sind dem Steuerzahler nicht zuzumuten. Wir plädieren dafür, diese Orchester künftig ausschließlich privat, etwa durch Sponsoren oder Stifter, zu finanzieren.

Bundesmonopolverwaltung für Branntwein (BfB)

12

Das Urgestein im Behördendschungel

Früher, als die Menschen noch unkontrolliert Alkohol tranken, war es wichtig, die schädliche Substanz und deren Herstellung staatlich zu verwalten. Heute ist die Bundesmonopolverwaltung für Branntwein ein Dinosaurier im Behördendschungel und sollte vom Aussterben bedroht sein. 1922 als Reichsmonopolverwaltung (RMV) in Berlin gegründet, sollte sie der unkontrollierten Herstellung von Branntwein entgegenwirken, das staatliche Monopol bewahren und dem Staat die Branntweinsteuer sichern. 1951 als Bundesmonopolverwaltung für Branntwein neu gegründet, untersteht sie seither dem Bundesministerium der Finanzen. Schon 1976 hob der Europäische Gerichtshof das staatliche Monopol für Branntwein auf.

1999 wurde das Branntweinmonopol reformiert. Die gewerblichen Brennereien wurden zwangsausgegliedert. Seitdem erzeugen sie als freie Brennereien ebenfalls Agraralkohol. Die BfB unterhält Werke und Außenabteilungen u. a. in Wittenberg, München, Nürnberg und Hamburg. Bisher überlebte die Behörde jeden Versuch, sie abzuschaffen, obwohl sie längst keine wirkliche Aufgabe mehr hat. Die Hauptzollämter sind für die Erhebung der Branntweinsteuer zuständig. Im Jahre 2008 waren das rund 2,1 Mrd. Euro.

7% der Deutschen Alkoholerzeugung – 72 Mio. Euro Steuermittel

Heute kauft sie den in rund 22.000 kleinen und mittelständischen landwirtschaftlichen Brennereien hergestellten Agraralkohol – auch Primasprit oder Monopolsprit genannt – auf. Dafür erhält der Eigentümer ein Branntweinübernahmegeld, das die durchschnittlichen Selbstkosten deckt, die in der Regel höher sind als der Weltmarktpreis für Alkohol. Der Neutralalkohol wird aufbereitet und verwertet. Die BfB setzt ihren Agraralkohol auf dem deutschen Markt im Wettbewerb mit Alkohol aus freien deutschen Brennereien, aus anderen EU-Mitgliedstaaten oder Drittländern ab. 2007 waren das zwar rund 538.000 Hektoliter, das entspricht lediglich 7 Prozent der gesamten Alkoholerzeugung in Deutschland (7 Mio. Hektoliter). Allerdings verkauft die Behörde den Alkohol nur mit Verlust. Der Fehlbetrag wird durch einen Bundeszuschuss gedeckt, der 2008 stattliche 79,79 Mio. Euro betrug. Der Gesamtetat der BfB belief sich auf 126,2 Mio. Euro. Das heißt im Klartext, der Steuerzahler subventioniert jeden von der BfB mit ihren über 200 Mitarbeitern produzierten Hektoliter Alkohol mit ca. 148 Euro.

WEG DAMIT

Empfehlung: Abschaffen

Nach Ansicht des Bundestages hat sich der deutsche Weg der Subventionierung von kleinen Alkoholbrennereien über den Umweg der BfB bewährt. Die Verlängerung der EU-Ausnahmeregelung für das Branntweinmonopol für weitere sieben Jahre sei die "beste und gesetzestechnisch am einfachsten zu realisierende Fördermaßnahme". Die nationale Förderung sei für die Brennereien nach wie vor von „existenzieller Bedeutung". Die Steuerzahler sind da anderer Auffassung. Eine wirkliche Funktion hat die BfB nicht mehr, sie ist nur ein bezuschusster Schnapsproduzent. Die Bundesmonopolbehörde für Branntwein ist überflüssig und sollte abgeschafft werden.

Bundessprachenamt

13

Sprechen und Verstehen will gelernt sein

Angesichts zunehmender Auslandseinsätze könnte man meinen, es sei sinnvoll, dass die Bundeswehr ein eigenes, üppig ausgestattetes Bundessprachenamt unterhält, dessen 1.100 Mitarbeiter sich auf über 100 Dienststellen verteilen und auch andere Ministerien unterstützen. Internationale Militäreinsätze verlangen auch gute Sprachkenntnisse der eingesetzten Soldaten. Das Bundessprachenamt unterstützt Auslandseinsätze der Bundeswehr, bildet aus, erstellt Lern- und Prüfungsunterlagen, übersetzt deutsche und fremdsprachige Fachtexte in bzw. aus über 30 Sprachen und erfasst fachsprachliche Terminologie. Dabei kooperiert es mit den Sprachendiensten der Bundes- und Länderbehörden sowie mit den Diensten anderer Staaten.

Personal in Bataillonsstärke

Der Etat belief sich im Jahr 2007 auf 53 Mio. Euro. Hervorgegangen ist das Bundessprachenamt 1969 aus der Fusion des Übersetzerdienstes der Bundeswehr und der Sprachenschule der Bundeswehr. Die Bundesbehörde im Geschäftsbereich des Bundesministeriums für Verteidigung hat ihren Hauptsitz in Hürth. Darüberhinaus unterhält es eine Außenstelle in Naumburg/Saale sowie dezentrale Dependancen bei ca. 100 zivilen und militärischen Dienststellen der Bundeswehr. 2008 waren 976 Mitarbeiter beschäftigt. Die Frage ist nur, ob Sprachen in einem eigenen Bundeswehramt gelernt werden müssen? Erinnert sei daran, dass es auch andere Einrichtungen gibt, die z. B. für die Wirtschaft exzellente Sprachausbildung organisieren, wie z. B. die Carl Duisberg Centren.

**EMPFEHLUNG:
SPRACHSCHULUNG PRIVATISIEREN**

Wer bei Google das Wortpaar „Sprachen lernen" eingibt, findet etwa 1,5 Mio. Suchergebnisse. Die Zahl der Sprachschulen in Deutschland ist riesig. Es sind keine staatlichen Aufgaben, Texte zu übersetzen, zu dolmetschen oder Sprachkurse zu organisieren. Überall auf der Welt tun dies private Übersetzer, Dolmetscher und Sprachlehrer, auch im Auftrag von Behörden. Sie können für solche Aufgaben auch als private Dienstleister vereidigt werden, wenn es um Sicherheitsfragen geht. Für bestimmte Aufgaben ist vielleicht ein Stamm eigener Mitarbeiter unabdingbar, aber keine derartige Mammutbehörde. Unsere Empfehlung daher: Privatisiert das Bundessprachenamt.

Büro für Technikfolgen-Abschätzung beim Deutschen Bundestag (TAB)

14

Horoskop der Technik

Die fein polierte Glaskugel, die einen Blick in Deutschlands Zukunft erlaubt, heißt Büro für Technikfolgen-Abschätzung beim Deutschen Bundestag (TAB). Dieses Horoskop der Technik soll den Politikern Trends aufzeigen. Wird irgendwo ein neues Konzept angedacht, dann gibt es bereits kurz darauf einen Zukunfts- oder Innovations-Report. Das TAB liefert Beiträge zur langfristigen Technikvorausschau, zur Analyse internationaler Politiken sowie zum Innovationsgeschehen. Man schreibt querbeet über alle aktuellen Themen der Menschheit, von den „Neuen Medien und Kultur“ (2001) über „Internet und Demokratie“ (2005) bis hin zum „Gendoping“ (2008).

Komplizierte Struktur

Das TAB wurde 1990 beim Deutschen Bundestag eingerichtet. Sein zuständiger Ausschuss kann Analysen veranlassen, für den Bundestag aufbereiten sowie auswerten (lassen). Das TAB wird vom Institut für Technikfolgenabschätzung und Systemanalyse (ITAS) des Forschungszentrums Karlsruhe in der Helmholtz-Gemeinschaft auf der Grundlage eines befristeten Vertrages betrieben, eine komplizierte Struktur. Seit September 2003 kooperiert das Forschungszentrum in Teilbereichen mit dem ebenfalls in Karlsruhe angesiedelten Fraunhofer-Institut für System- und Innovationsforschung (FhG-ISI). Der Bundeszuschuss für das TAB und seine 12 Mitarbeiter beläuft sich auf jährlich gut zwei Mio. Euro.

EMPFEHLUNG: ABSCHAFFEN

Es gibt in Deutschland etwa 140 hauptsächlich öffentlich finanzierte Institute, die sich mit den Technologiefolgen beschäftigten. Die Politiker können diese Institute oder Universitäten direkt beauftragen und sich zu den verschiedensten Themen zuarbeiten lassen. Dafür sind sie schließlich da. Insbesondere in Zeiten vernetzter Kommunikation braucht es keine Institution, die alles noch einmal zusammenschreibt. Wir empfehlen daher: Schafft das TAB wieder ab.

DB Zeitarbeit GmbH

15

Personaldienstleister Bahn

„Sie suchen Fachkräfte und Ingenieure zur Festanstellung? Vertrauen Sie der DB Zeitarbeit bei der Personalsuche für Ihr Unternehmen." Mit diesen Worten wirbt die hundertprozentige Tochtergesellschaft der Deutschen Bahn AG auf der Seite „Arbeitsvermittlung" ihrer Website. Diversifiziert der Staatskonzern also sein Geschäft, weil der Schienenverkehr nicht mehr genug Gewinn abwirft? Nein, die Bahn versucht so vor allem, überzähliges Personal los zu werden. Sie nennt das „vermittlungsorientierte Personalüberlassung zur Beschäftigungssicherung von Beamten der Deutschen Bahn AG". Als Übergangsmaßnahme ist ein solches Unternehmen durchaus sinnvoll. Als Dauereinrichtung aber nicht.

Unliebsame Konkurrenz

Gegründet wurde die DB Zeitarbeit im Jahr 2001. Ihr Pool umfasst 3.000 Mitarbeiter und bundesweit wurde an 14 Standorten

ein Umsatz von 83 Mio. Euro (2007) generiert. Dabei vermittelt sie nicht nur Fachpersonal zur Festanstellung bei den Kundenunternehmen. Sie verleiht auch „qualifizierte Mitarbeiter zur Abdeckung von Auftragsspitzen, Urlaubszeiten oder saisonalen Schwankungen". Zum Geschäft gehört überdies das Management auf Zeit, das heißt, Projektleiter, Ingenieure und Führungskräfte bringen sich vorübergehend mit projektbezogenen Managementleistungen in anderen Unternehmen ein. Die Bahn macht so den privaten Personaldienstleistern im großen Stil unliebsame Konkurrenz.

Empfehlung: Privatisieren

Es entspricht nicht unserem marktwirtschaftlichen System, wenn Staatsunternehmen in immer neue Bereiche expandieren und private Wettbewerber verdrängen. Vielmehr sollte es die Bahn einem externen Personaldienstleister überlassen, ihr Personalproblem zu lösen. Unsere Empfehlung: Privatisiert die DB Zeitarbeit.

Deutsche Dienststelle für die Benachrichtigung der nächsten Angehörigen von Gefallenen der ehemaligen deutschen Wehrmacht – WASt

16

Seit dem Zweiten Weltkrieg gilt Werner S. als im Osten vermisst. Um Gewissheit über das Schicksal seines Vaters zu erhalten, wendet sich Karl S. an die Deutsche Dienststelle für die Benachrichtigung der nächsten Angehörigen von Gefallenen der ehemaligen deutschen Wehrmacht (WASt). Da auch 64 Jahre nach Kriegsende rund eine Million Wehrmachtssoldaten als (meist in der ehemaligen Sowjetunion) vermisst gelten, werden immer noch Todeserklärungsverfahren eingeleitet.

1939 nahm die Behörde als Dienststelle des Oberkommandos der Wehrmacht unter der Bezeichnung „Wehrmachtsauskunftsstelle für Kriegsverluste und Kriegsgefangene (WASt)“ ihre Tätigkeit auf. 1946 erhielt die WASt ihren jetzigen Namen, heute ist sie der Senatsverwaltung für Integration, Arbeit und Soziales nachgeordnet und wird vom Bund finanziert. In Berlin-Reinickendorf lagern auf 16.300 Quadratmetern 4.150 Tonnen Kriegsakten sowie 18 Mio. Karteikarten von Wehrmachtsangehörigen, somit von ca. 95% aller Wehrmachtssoldaten. Darüberhinaus verwaltet die WASt heute noch rund 100.000 Vermisstenfälle aus dem Ersten Weltkrieg sowie weitere 150 Mio. personenbezogene Meldungen über Kriegsgefangene, Fremdarbeiter, Lazarettmeldungen, Erkennungsmarken, Wehrstammbücher, Todeserklärungen usw. Außerdem hält sie Suchdienste bereit. Noch heute klärt sie Vermisstenschicksale, weist Kriegsgräber nach, stellt Bescheinigungen über militärische Dienstzeiten zur Vorlage bei Versorgungsämtern aus und führt Nachweise über Kriegsgefangenschaft, Orden und Ehrenzeichen.

Ein Großteil der Aufgaben ist erfüllt

Nach eigenen Angaben haben die mehr als 300 Mitarbeiter in den letzten drei Berichtsjahren rund 770.000 Routinefälle bearbeitet. „Mittlerweile haben wir die 1,7 Mio. Anfragen aus den neuen Bundesländern zu Sachverhalten, die früher nicht geklärt werden konnten, abgearbeitet", so Olaf Jäger, stellvertretender Leiter der Dienststelle gegenüber der Wiener Zeitung im August 2009. Allerdings wird voraussichtlich erst in den Jahren 2015/2016 die große Zahl der Umbettungsarbeiten in Osteuropa erledigt sein. Das allerdings erledigt der Volksbund Deutsche Kriegsgräberfürsorge e.V., ein Verein, der sich immerhin zu 85% selbst finanziert, und zwar aus Spenden und Mitgliedsbeiträgen. Viele Aufgaben sind also weitgehend erledigt: Anfragen aufgrund der Entschädigungsregelungen für ausländische Fremdarbeiter sowie für erlittene Gefangenschaften für die in die DDR heimgekehrten Soldaten, Klärung von Staatsangehörigkeitsfragen von Spätaussiedlern, die Rückgabe persönlicher Dinge aus Nachlässen von Gefallenen an ihre Angehörigen. Bereits im Jahr 2000 äußerte ein Mitarbeiter der WASt gegenüber der Berliner Zeitung: „Ein Großteil der Aufgaben der ‚Deutschen Dienststelle' steht kurz vor der Erfüllung (...). Es ist zu vermuten, dass die Behörde irgendwann dem Bundesarchiv angegliedert wird. Doch sieben bis zehn Jahre haben wir noch damit zu tun, die Kriegsgräberfürsorge zu unterstützen."

Empfehlung: Abschaffen

Die Klärung personenstandsrechtlicher Fragen war und ist notwendig und wichtig. Die WASt könnte ihre (Rest-)Arbeiten auch integriert in das Bundesarchiv Marburg wahrnehmen. Ihr gigantisches Archiv würde die Marburger Datenbestände sinnvoll ergänzen. Immerhin verwaltet das Bundesarchiv bereits jetzt Informationen, die Schnittmengen zur WASt bilden. Vielleicht würde den immer noch suchenden Einzelpersonen, Vereinen, Institutionen, Geschichtsforschern und sonstigen Interessierten damit sogar besser geholfen.

17

Deutsche Einheit Fernstraßenplanungs- und -bau GmbH

Aufträge ohne Ausschreibung

Während unsere französischen Nachbarn große Erfolge mit der Privatisierung der Autobahnnetze erzielt haben, pumpt der deutsche Staat Milliardenbeträge in die infrastrukturelle Vernetzung von alten und neuen Bundesländern. Eine zentrale Rolle spielt dabei die Deutsche Einheit Fernstraßenplanungs- und -bau GmbH (DEGES). Sie gehört dem Bund und sechs Bundesländern und ist für das Projektmanagement von 60 Prozent der „Verkehrsprojekte Deutsche Einheit" zuständig. Konkret: Sie plant mit mehr als 200 Mitarbeitern insbesondere Bundesfernstraßen zwischen alten und neuen Bundesländern und übernimmt die Bauvorbereitung und -überwachung. Allein die Personalkosten betrugen im Jahr 2007 16,7 Mio. Euro, das sind durchschnittlich 76.605 Euro pro Mitarbeiter. Die Aufträge hierfür erhält die DEGES unmittelbar von ihren Gesellschaftern, und zwar ohne Ausschreibung.

1350 Kilometer Bundesfernstraßen

Gegründet wurde die DEGES 1991. Seitdem hat sie, wie es heißt, „ihre Kernkompetenz entwickelt, die im erworbenen Know-how und in der Lösungskompetenz für komplexe Projektbeschreibungen und allen damit zusammenhängenden planerischen, technischen, rechtlichen und kaufmännischen Fragen liegt". Insgesamt zeichnet die DEGES für den Aus- bzw. Neubau von rund 1.350 km Bundesfernstraßen verantwortlich. Das Gesamtinvestitionsvolumen hierfür liegt bei ca. 9,6 Mrd. Euro. Hinzu kommen weitere Straßenbauprojekte in Thüringen und Sachsen sowie ein Tunnelprojekt in Leipzig.

Empfehlung: Privatisieren

Es gibt in Deutschland zahlreiche private Firmen, die auf die Planung und das Projektmanagement großer Verkehrsvorhaben spezialisiert sind. Sie bleiben von den Projekten, die Bund und Länder der DEGES zuschanzen, ausgeschlossen. Wettbewerb, der das Geschäft belebt und kostengünstige Leistungen ermöglicht, wird hier also gezielt verhindert. Unsere Empfehlung lautet daher: Privatisiert die DEGES, wir brauchen keine staatliche Planungs- und Projektmanagementfirma.

Deutsche Energie-Agentur GmbH (dena)

18

Staatliches Energiemarketing

Gegründet wurde die Agentur mit Sitz in Berlin im Jahr 2000. Zunächst war der Bund alleiniger Gesellschafter. Im Jahr 2008 wurden an die Allianz, die Deutsche Bank AG und die DZ BANK AG jeweils acht Prozent der Anteile verkauft. Der Etat der dena belief sich 2006 auf 8,8 Mio. Euro, der Großteil (7,15 Mio. Euro) stammte aus Fördermitteln des Bundes. Im Grunde ist die Dena eine Marketing- und PR-Agentur rund um das Thema Energie. Zu Ihren Aufgaben gehören zum Beispiel: „Kampagnen & Initiativen", die informieren, anregen und konkret zeigen, wie man energiebewusst leben und arbeiten kann; „Studien & Strategien" für eine nachhaltige Energiewirtschaft; „Pilotprojekte & Publikationen", die das Prinzip der Effizienz in den verschiedensten Bereichen anschaulich und praktisch nachvollziehbar machen, wie zum Beispiel beim „Solardachprogramm"; „Consulting & Contracting", um verschiedene gesellschaftliche Kräfte und Gruppen zur Kooperation anzuregen.

Viele Dienstreisen

Die dena initiiert, koordiniert und realisiert „innovative" Projekte und Kampagnen im In- und Ausland, mehrheitlich mit unseren Steuern. Die beeindruckend lange Aktivitätenliste reicht von der Erstellung eines „Handbuchs zur energieeffizienten Gebäudesanierung in der Ukraine im Rahmen des Projekts Zukunftshaus" bis zum „Tag der Energiesparrekorde" im Mai 2008, an dem bundesweit „120 zukunftsweisend sanierte Häuser ihre Türen öffneten“. Kurzum, die Energieagentur ist für alle da. Und dafür dürfen hundert Mitarbeiter viele Dienstreisen unternehmen.

Empfehlung: Abschaffen

Es ist zweifelsohne eine wichtige Aufgabe, sich um zukunftsweisende Energien zu kümmern. Nicht von ungefähr stellt das Bundesforschungsministerium in den kommenden Jahren für das Konzept „Grundlagenforschung Energie 2020+“ insgesamt 325 Mio. Euro bereit. Die dena stellt aber letztlich vor allem gut dotierte Arbeitsplätze bereit. So leistet sich die Gesellschaft seit 2006 gleich zwei Geschäftsführer. In der „Süddeutsche Zeitung“ erklärt dena-Chef Stefan Kohler in einem Interview: „Die dena erhält keine institutionelle Förderung durch die Bundesministerien, sondern finanziert sich ausschließlich über Projekte.“ Das ist (k)ein feiner Unterschied. Fakt ist, dass die dena aus Steuermitteln finanziert wird und wenig Wirkung erzielt.

Die Bundesregierung sollte als Eigentümer komplett aussteigen. Energie-Marketing können auch einschlägige Agenturen betreiben, die der Bund, wenn nötig, beauftragt.

19

Deutscher Wetterdienst

Das Wetter gehört zu den stets unterhaltsamen Teilen unserer Fernsehprogramme. Wir haben zwar das Gefühl, dass die Vorhersagen selten stimmen, sehen uns aber jeden Tag die Wetterprognosen an. Manchmal freilich können Fehlprognosen dramatische Folgen haben. Und dann fragt man sich, wer eigentlich für die falschen Prognosen verantwortlich ist. Es ist der Deutsche Wetterdienst, eine Mammutbehörde, die dem Bundesverkehrsministerium untersteht. Im Februar 2002 suchte das Orkantief „Emma" Deutschland heim. Erste Böen auf dem Feldberg wurden mit 169 km/h gemessen, auf dem Brocken mit 148 km/h. Zwei Menschen starben, mehrere wurden verletzt. Der Deutsche Wetterdienst (DWD), der Warnungen über solche und andere Klimaerscheinungen herausgibt, hatte „Emma" zu spät entdeckt. Seitdem stehen die verbeamteten Wetterforscher latent in der Kritik. Es gibt sogar Politiker, die eine Privatisierung des Wetterdienstes fordern.

Eine Mammutbehörde

Der Deutsche Wetterdienst in Offenbach wurde 1952 als nationaler meteorologischer Dienst der Bundesrepublik gegründet. Seine Kernaufgabe ist es, das Wetter zu beobachten und daraus Informationen über das aktuelle Klima zu gewinnen. Diese Daten werden unter anderem der Luft- und Seeschifffahrt zur Verfügung gestellt. Der DWD muss auch vor solchen meteorologischen Ereignissen rechtzeitig warnen, die für die öffentliche Sicherheit und Ordnung gefährlich werden können. Neben der Zentrale in Offenbach gibt es sechs große Niederlassungen mit jeweils mehr als 100 Mitarbeitern sowie etliche Stationen, Warten, Beratungsstellen und Observatorien. Die Mammutbehörde hat 2.400 Planstellen. Für 2010 ist ein Etat von 250 Mio. Euro ge-

plant bei einem Steuermittelbedarf von 198 Mio.Euro. Für diese Behörde gibt es ein eigenes Gesetz, das „Gesetz über den Deutschen Wetterdienst." Und dort heißt es: „Der Deutsche Wetterdienst ist so zu führen, dass die nicht durch Einnahmen gedeckten Ausgaben so gering wie möglich zu halten sind."

Empfehlung: Privatisieren

Die Aufgaben des Deutschen Wetterdienstes könnten ohne Weiteres privaten Dienstleistern übertragen werden. Es gibt genügend „Wetter-Interessenten" in Wirtschaft und Medien und Staat, die für diese Leistungen auch zahlen würden. Die ersten privaten Wetterdienste in Deutschland gibt es auch. Der Staat sollte keinen mit Steuergeldern subventionierten Vorhersage-Service anbieten und privaten Anbietern mit niedrigen Preisen das Leben schwer machen. Unsere Empfehlung daher: Privatisiert den Deutschen Wetterdienst.

Entsorgungsverband Saar (EVS)

20

Mülltonne mit Mikrochip

Teils belächelt, teils bewundert werden die Menschen, die ihren Müll gewissenhaft trennen und getrennt entsorgen. In farbige Tonnen, gelbe Tüten oder andere interessante Behälter. Ab 2010 wird es im Einzugsbereich des EVS richtig raffiniert. Dann sollen die Mülltonnen mit Mikrochips ausgestattet werden: Noch mehr Umweltbewusstsein durch Tonnen mit Hirn? Doch auch sonst ist der EVS innovativ. So will er das Gebührensystem in der Abfallwirtschaft modernisieren. Doch der Streit über die Höhe der Gebühren wird bis dahin – und sicher darüber hinaus – anhalten.

Die kommunale Müllentsorgung in der Republik ist in unterschiedlichen Rechtsformen organisiert. Welche die wirtschaftlichere ist? Darüber streiten sich die Spezialisten. Die Stuttgarter Müllentsorgung zum Beispiel ist ein städtischer Eigenbetrieb und schreibt schwarze Zahlen. Der EVS als eine Körperschaft öffentlichen Rechts schreibt rote Zahlen.

Acht Mio. Euro Verlust

Der Kommunale Abfallentsorgungsverband Saar (KABV) und der Abwasserverband Saar (AVS) wurden am 1. Januar 1998 auf Initiative des Landes zum „Entsorgungsverband Saar“ (EVS) fusioniert. Alle saarländischen Kommunen sind im EVS vertreten. Er ist verantwortlich für die Abwasserreinigung und die überörtliche Abfallentsorgung im Saarland. In den meisten Kommunen organisiert er auch das Einsammeln und den Transport der Hausabfälle zu eigenen oder beauftragten Abfallanlagen. Außerdem betreibt der Verband, in dem alle saarländischen

Kommunen vertreten sind, Deponien und Müllverbrennungsanlagen sowie die zur Abwasserreinigung notwendigen Anlagen. Der EVS finanziert sich über die Gebühren, Beiträge und privatrechtlichen Entgelte der Abfall- bzw. Abwassererzeuger. Die Einnahmen reichen aber nicht aus, um die Kosten zu decken. Im Jahr 2007 machte der Verband mit rund 450 Mitarbeitern einen Verlust von acht Mio. Euro.

Empfehlung: Privatisieren

Es ist zwar Aufgabe einer Kommune, für Abwasser- und Abfallbeseitigung zu sorgen, jedoch nicht, sie unter Inkaufnahme hoher Verluste selbst auszuführen. Das können Private (meist) wirtschaftlicher. Die Saarländische Gesetzeslage ist: „Der EVS muss seine Aufgaben nach wirtschaftlichen Grundsätzen unter Berücksichtigung der geringsten Belastung der Gebührenzahler und mit dem Ziel der Schonung natürlicher Ressourcen erledigen." Bezüglich des Umweltschutzes hatte es von Naturschutzverbänden in den letzten Jahren auch viel Kritik am EVS gegeben.

Rund 1.000 private Entsorgungsunternehmen entsorgen heute schon im Auftrag von Kommunen Abfall aller Art. Die beiden Branchenriesen Remondis und Sulo machen einen Umsatz von drei respektive zwei Mrd. Euro Umsatz. Acht weitere Unternehmen setzen einen dreistelligen Millionenbetrag um. Der große Rest sind relativ kleine Betriebe. Von den Kommunen erhalten sie meist einen Vertrag über drei bis fünf Jahre, der sich oft auch nur auf Teilbereiche bezieht, etwa die Entsorgung von speziellem Gewerbemüll.

Nun entscheidet die Rechtsform nicht allein über gute oder schlechte, wirtschaftliche und nicht wirtschaftliche Müllentsorgung. Roland Schäfer, Bürgermeister der Stadt Bergkamen, brachte es auf den Punkt: „In jeder Gemeinde kann zu einem konkreten Zeitpunkt jeweils eine völlig andere Lösung angezeigt sein. Die Bandbreite reicht vom kommunalen Eigenbetrieb oder einer städtisch getragenen GmbH über unterschiedliche Formen interkommunaler Zusammenarbeit und PPP-Modelle bis hin zur vollständigen Privatisierung."

Finanzkontrolle Schwarzarbeit

21

Im März 1995 setzte Deutschland das Abkommen von Schengen um. Die Grenzkontrollen an den Binnengrenzen der EU-Mitgliedsländer fielen weg. Die Schlagbäume gingen hoch und die Mundwinkel vieler Zollbeamter runter. Sie bezogen zwar noch ihr Gehalt, hatten aber ihre Aufgabe verloren. Jahre später rief der damalige Bundesfinanzminister Hans Eichel die Finanzkontrolle Schwarzarbeit (FKS) ins Leben. Ein neues Betätigungsfeld für überflüssige Zollbeamte war gefunden.

Miserable Erfolgsbilanz

Die Finanzkontrolle Schwarzarbeit wurde im Jahr 2004 als Abteilung des deutschen Zolls auf Grundlage des „Gesetzes zur Intensivierung der Bekämpfung der Schwarzarbeit und damit zusammenhängender Steuerhinterziehung“ eingerichtet. Die Behörde beschäftigt etwa 6.500 Mitarbeiter an bundesweit 113 Standorten. Doch so gewaltig die Personalausstattung ist, so miserabel fällt die Erfolgsbilanz aus. Laut Bundesrechnungshof hat die Tätigkeit des der FKS nicht zu den erwarteten Mehreinahmen des Bundes von jährlich einer Mrd. Euro geführt. Schlimmer noch: Die Einnahmen decken bei Weitem nicht einmal den Verwaltungsaufwand. Zudem konnte eine Verringerung der Schwarzarbeit durch die Kontrollen der FKS bisher nicht nachgewiesen werden, heißt es in einem Anfang 2008 veröffentlichten Gutachten des Bundesrechnungshofes.

Empfehlung: Abschaffen

Die Kritik des Bundesrechnungshofes belegt es eindeutig: Die Finanzkontrolle Schwarzarbeit ist eine Arbeitsbeschaffungsmaßnahme für überflüssige Zollbeamte. Sie erfüllt in keiner Hinsicht die Erwartungen. Unsere Empfehlung daher: Lieber ein Ende mit Schrecken als ein Schrecken ohne Ende. Zwar müssen auch überflüssige Beamte weiter bezahlt werden, doch wäre dann vielleicht eine Übernahme in die Landespolizeidienste sinnvoller als die Schaffung einer neuen Großbehörde.

HALT
ZOLL
ZOLL

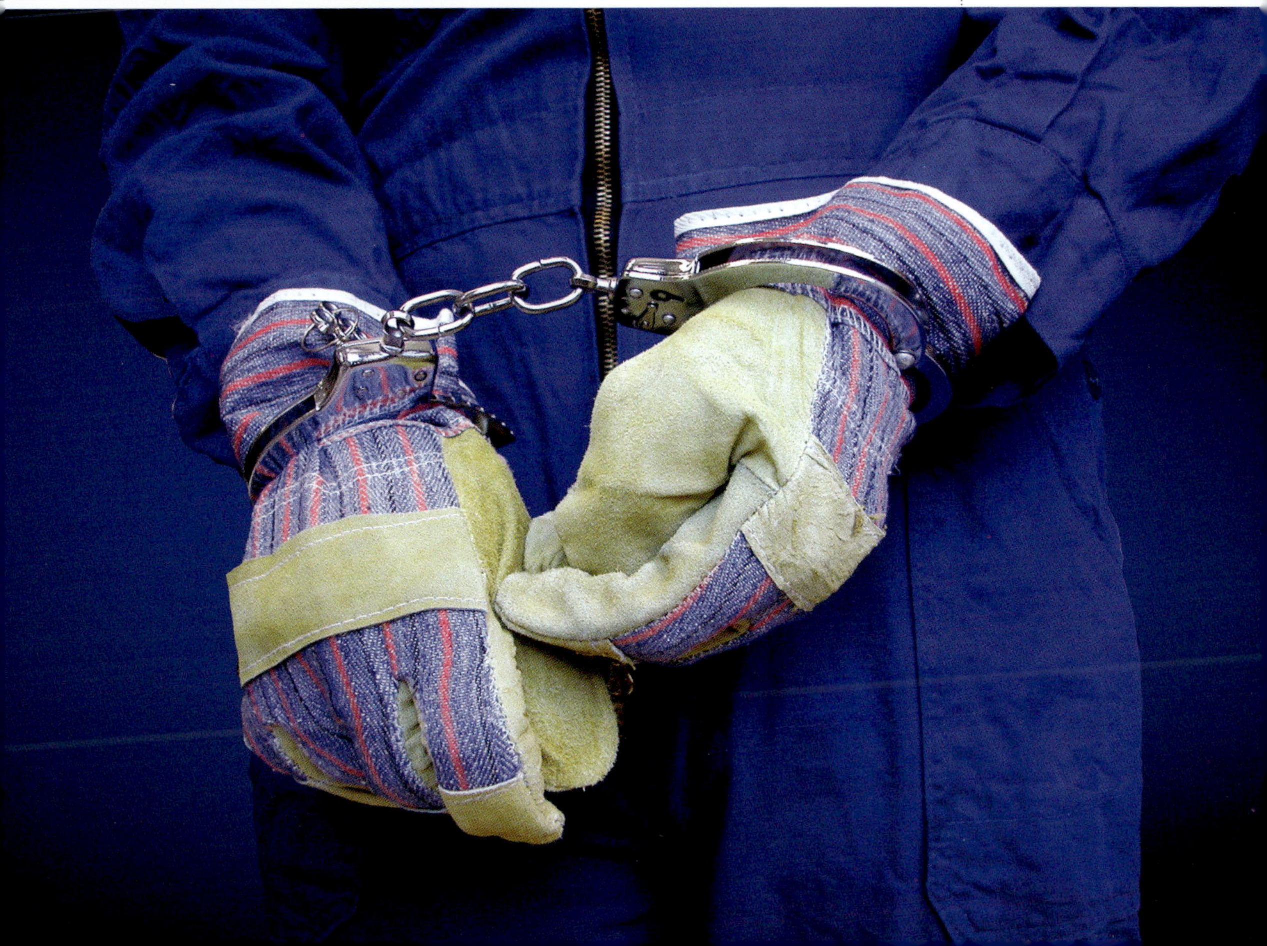

22

Frauenbeauftragte

Übertreibt Hessen?

Das Ziel ist ehrenwert. Frauen sollten gleiche Chancen wie Männer in Beruf und Karriere haben. Aber muss sich darum eine Frauenbeauftragte kümmern? Die Arbeit der Frauenbeauftragten in Hessen – nur ein Beispiel von vielen – basiert auf dem Hessischen Gleichberechtigungsgesetz. Ziele dieses Gesetzes sind gemäß §1"...die Verwirklichung der Chancengleichheit von Frauen und Männern, die Verbesserung der Vereinbarkeit von Beruf und Familie und die Beseitigung bestehender Unterrepräsentanz von Frauen im öffentlichen Dienst. Bis zur Erreichung dieses Zieles werden durch berufliche Förderung von Frauen auf der Grundlage von Frauenförderplänen mit verbindlichen Zielvorgaben die Zugangs- und Aufstiegsbedingungen sowie die Arbeitsbedingungen für Frauen verbessert." Frauenbeauftragte, übrigens nicht nur in Hessen, setzen an allen Einsatzorten ihre per Grundgesetz geregelten Rechte durch. In Hessen werden dabei alle Personalentwicklungsmaßnahmen überwacht und bei der Realisierung unterstützt.

In jeder Dienststelle mit mindestens 100 Beschäftigten ist aus dem Kreis der weiblichen Beschäftigten, nach geheimer Wahl durch die weiblichen Beschäftigten, eine Gleichstellungsbeauftragte zu bestellen.

Das Frauenbild hat sich gewandelt

Frauenbeauftragte gibt es nun schon seit mehr als 20 Jahren. In vielen Bundesländern sind sogenannte Gleichstellungsgesetze in Kraft, die bürokratische Apparate in der öffentlichen Verwaltung nach sich ziehen. In der Privatwirtschaft hat man es in gleicher und erweiterter Angelegenheit mit dem Allgemeinen Gleichbehandlungsgesetz (AGG) zu tun. Längst hat sich in vielen Behörden und in der Wirtschaft ein anderes Frauenbild durchgesetzt. Das früher weitaus stärker vorhandene Problem der Bevorzugung von Männern dürfte sich schon eine Weile relativiert

haben. Gleichbehandlung umfasst inzwischen viel mehr als die zwischen den Geschlechtern. Es geht um die Verhinderung von Benachteiligung wegen einer Religionszugehörigkeit, der Nationalität, des Alters oder einer Behinderung.

Empfehlung: Abschaffen

Der Posten einer Frauenbeauftragten erscheint uns inzwischen überflüssig. Gleichberechtigung, auch die für Frauen, kann man letztlich auch mit zusätzlichen Stabsstellen nicht erzwingen.

Friedhöfe Leipzig

23

Das Friedhofswesen ist in Deutschland kommunal organisiert – unwirtschaftlich und teuer. Laut Aeternitas, der Verbraucherinitiative Bestattungskultur, sind die Grabgebühren in den Jahren 2005 bis 2008 um durchschnittlich 300 Euro gestiegen. Besonders deutlich fallen die Erhöhungen bei Erdgräbern mit durchschnittlich 354 Euro aus. Urnengräber verteuerten sich durchschnittlich um 247 Euro.

Leipzig macht Verluste

Insgesamt gibt es in Deutschland etwa 32.000 kommunale Friedhöfe, bislang aber nur einen privaten Friedhofsbetreiber: Bergisch-Gladbach, und der ist laut BILD-Zeitung „Europas bester Bestatter". Die Stadt Leipzig beispielsweise betreibt sieben Friedhöfe und ein Krematorium. Die Friedhöfe sind dem Grünflächenamt zugeordnet. Ein Eigenbetrieb „Städtisches Bestattungswesen" kümmert sich um die eigentlichen Bestattungen, die Grabpflege sowie um die Friedhofsgärtnereien mit Verkauf.

Der Umsatz der Friedhöfe belief sich im Jahr 2006 auf 4,5 Mio. Euro, der Verlust auf 231.000 Euro. Auch der Eigenbetrieb war defizitär. Erlösen von 2,3 Mio. Euro stand ein Fehlbetrag von 73.000 Euro gegenüber. Einen Grund für die Finanzprobleme sieht der Leiter der Stuttgarter Friedhöfe Werner Koch in der Zunahme der Urnenbestattung, so dass immer weniger Menschen Grabstätten belegen. In Stuttgart sind inzwischen 55 Prozent aller Gräber Urnengräber, in den 1990er Jahren waren es nur 40 Prozent. Hinzu kommen Baumgräber und Seebestattungen. Neu sind auch Friedwälder – eine Urnenbestattung im öffentlichen Forst.

Empfehlung: Privatisieren

Es gibt im Friedhofswesen nur wenige hoheitliche Aufgaben, die aus dem Personenstandsgesetz und landeseigenen Regelungen resultieren. Die meisten Leistungen könnten von privaten Firmen erbracht werden. Die Friedhofsverwaltung, gärtnerische Tätigkeiten und der Blumenverkauf sind keine städtischen Aufgaben, schon gar nicht der Betrieb eines Bestattungsunternehmens. Private Unternehmen könnten alle Aufgaben weniger ineffizient erledigen. Unsere Empfehlung an die Stadt Leipzig und alle anderen Kommunen in Deutschland lautet daher: Privatisiert das Friedhofswesen und spart eine Menge Geld.

Garten-, Friedhofs- und Forstamt Stuttgart

24

Behörde organisiert Dahlien-Wahl

Wie wir schon bei der Abfallwirtschaft festgestellt haben, ist die Stuttgarter Stadtverwaltung kein Fan von Privatisierungen. Angesichts der Wirtschaftskrise kommt Stuttgart aber mit sinkenden Gewerbesteuereinnahmen unter starken finanziellen Druck und wird sich überlegen müssen, wie es weiter geht. Auch das Garten-, Friedhofs- und Forstamt ist kein Privatbetrieb, obwohl Private die meisten Dienstleistungen erbringen könnten und zwar mit Gewinn. Zum Beispiel mit Veranstaltungen wie der spannenden Dahlien-Wahl im Jahr 2007.

Aussichtsturm im Höhenpark Killesberg

„Tomo" hieß die stolze Siegerin auf dem Stuttgarter Killesberg. Durchgeführt wurde die Wahl wie in jedem Jahr vom Garten-, Friedhofs- und Forstamt Stuttgart. Auf einer Fläche von 2.400 Quadratmetern hatte die Behörde im Höhenpark Killesberg insgesamt 10.000 Dahlien angepflanzt. Aus mehr als 222 Sorten wählten die Parkbesucher ihre Lieblingsdahlie aus. Vielleicht wäre ein Blick nach Amerika nützlich: In North Carolina beispielsweise kümmern sich private „Garden Clubs" um die Verschönerung der Städte und ihrer Zufahrtswege und bepflanzen zum Beispiel kilometerlang Autobahn-Mittelstreifen mit Blumenmeeren.

Auf dem Weg zum Großunternehmen

Wer so viel auf die Beine stellt wie dieses Stuttgarter Amt, hat natürlich einigen Aufwand zu betreiben: In den sechs Abteilungen Verwaltung, Zentrale Aufgaben und Bauvertragswesen, Friedhöfe und Bestattungen, Planung, Bau und Pflege von Grünflächen,

Naturschutzmaßnahmen, Stadtgärtnerei und Forstamt sind etwa 500 dienstbare Geister beschäftigt. Wie die Gartenämter in vielen deutschen Großstädten entwickelt sich die Stuttgarter Behörde immer mehr zu einem Großunternehmen. Allerdings können die kommunalen Behörden selten unternehmerischen Erfolg aufweisen. Sie haben eine Menge Mitarbeiter, halten einen beträchtlichen Maschinenpark vor und „erwirtschaften" zumeist enorme Defizite auf Kosten der Steuerzahler.

Empfehlung: Privatisieren

Die Begrünung verbessert die Lebensqualität einer Großstadt. Doch ist es keine kommunale Kernaufgabe, sich um Grünanlagen, Friedhöfe und Forsteinrichtungen zu kümmern. Das können private Firmen besser und kostengünstiger. Unsere Empfehlung lautet daher: Übertragt die Aufgaben des Stuttgarter Amtes privaten Dienstleistern.

Germany Trade and Invest

25

Das Hofbräuhaus prägt das Image

Die Welt hat von Deutschland eine bestimmte Vorstellung. Viele setzen unser Land gleich mit Schloss Neuschwanstein, Münchener Hofbräuhaus oder Schwarzwald. Auch satte grüne Weiden mit glücklichen Gebirgskühen einerseits sowie rauchende Schlote andererseits prägen das Bild. Man weiß, dass die Deutschen fleißig sind, hohe Steuern zahlen und viel Bier trinken. Doch potenzielle Investoren wollen mehr wissen. Die Antworten gibt seit 2009 die Germany Trade & Invest GmbH, hervorgegangen aus der Invest In Germany GmbH und der Bundesagentur für Außenwirtschaft (bfai), die es als obere Bundesbehörde im Geschäftsbereich des Bundesministeriums für Wirtschaft und Technologie (BMWi) schon seit 1951 gab. Die Invest in Germany GmbH als eine hundertprozentige Bundesgesellschaft im Zuständigkeitsbereich des Bundeswirtschaftsministeriums für Wirtschaft und Technologie wurde erst 2007 gegründet. Nun sind sie eins. 350 Mitarbeiter an 50 Standorten weltweit, mit einem Etat von 22,1 Mio. Euro im Jahr 2009. Beide Unternehmen standen bereits vor ihrer Fusion auf der Liste der Überflüssigen, auch beim Bundesrechnungshof. Wird Überflüssiges, wenn es fusioniert, sinnvoll?

Doppelt oder dreifach hält besser

Die Germany Trade & Invest GmbH will das Image Deutschlands im Ausland verbessern und das Interesse ausländischer Firmen wecken. Sie betreibt gemeinsam mit Akteuren der deutschen Außenwirtschaftsförderung die Internetportale, die die Angebote und Informationen der deutschen Außenwirtschaftsförderung bündeln sollen.

Der Bundesrechnungshof beanstandete bereits 2007 unwirtschaftliche Redundanzen bei den Tätigkeiten des Korrespondentennetzes der Bundesagentur für Außenwirtschaft, des Kammernetzes der Auslandshandelskammern sowie der Vertretung deutscher Wirtschaftsinteressen im Ausland – alle vom Steuerzahler finanziert. Es ist zu befürchten, dass sich auch nach der Fusion daran nicht viel ändern wird.

WEG DAMIT

Empfehlung: Abschaffen

Natürlich ist es eine wichtige Aufgabe, die Vorzüge Deutschlands im Ausland zu propagieren, Investoren anzulocken und zu betreuen und die Handelsbeziehungen zu vertiefen. Doch gibt es bereits zahlreiche mit Steuergeldern finanzierte Institutionen, die dies tun: Das Auswärtige Amt, die deutschen Botschaften im Ausland, die Goethe-Institute, diverse andere Institute für Auslandsbeziehungen und nicht zuletzt die Außenhandelskammern mit 120 Standorten in 80 Ländern. Unsere Empfehlung daher: Schafft die Germany Trade & Invest GmbH wieder ab.

26

GKV Informatik

Das Ziel ist sinnvoll: Acht große Krankenkassen mit zusammen etwa 23 Prozent aller gesetzlich Versicherten unter ihrer Haube koordinieren ihre IT-Aktivitäten in einer Firma. Synergieeffekte nutzen, die Kosten minimieren und mit modernen Softwarelösungen den Service für die Versicherten weiter verbessern, das ist absolut sinnvoll. Der Schönheitsfehler ist, dass dieses erst 2006 gegründete Rechenzentrum, das zugleich eigene Software entwickelt, den Krankenkassen gehört. Zwar in der Rechtsform einer GmbH, aber eben ganz wettbewerbsfrei. Externe Dienstleister oder etwa Ausschreibungen sind bei diesem Modell überflüssig, das jedenfalls dachten sich die AOK von Berlin, Brandenburg, Mecklenburg-Vorpommern, Rheinland/Hamburg, Sachsen-Anhalt, Schleswig-Holstein und Westfalen-Lippe sowie die Barmer Ersatzkasse. Das formuliert die Website der gkv informatik so: „Für diejenigen gesetzliche Krankenkassen, die im Interesse ihrer Mitglieder zukunftsorientiert und verantwortungsbewusst handeln, eröffnen sich neue Wege zu einer modernen, effektiven und kostengünstigen Gestaltung von Geschäftsprozessen jenseits aller Wettbewerbsvorbehalte, insbesondere in der Informations- und Kommunikationstechnologie."

Ehrgeizige Wachstumsziele

Die gkv informatik erbringt für ihre Auftraggeber alle erforderlichen Leistungen des operativen IT-Managements: vom dezentralen Arbeitsplatz der Mitarbeiter/innen der Kunden bis zum zentralen Rechenzentrum. Unter dem Begriff „Betrieb" werden dabei alle Aufgaben der Planung von Ressourcen, Installation und Konfiguration, Bereitstellung und Überwachung, Pflege und Wartung sowie die Außerbetriebnahme verstanden.

Je nach gewähltem Umfang der Leistungsabnahme unterteilt sich das Leistungsprogramm in die für alle Kunden bzw. Gesellschafter erbrachten Grundleistungen sowie die nur für ausgewählte Kunden bzw. Gesellschafter erbrachten optionalen Zusatzleistungen. Die Mitarbeiter der gkv informatik wurden fast ausschließlich aus den bisherigen IT-Bereichen der beteiligten Krankenkassen rekrutiert. Ziel seit 2006 war es, innerhalb von zwei Jahren der größte Anbieter von IT-Lösungen in der Gesetzlichen Krankenversicherung (GKV) zu werden. Im Jahr 2008 versorgte die GKV die IT für etwa 16 Millionen Versicherte und ist damit nach BITMARCK, der IT-Allianz u.a. der DAK, IKKn und BKKn mit 26 Millionen Versicherten, die zweitgrößte IT-Allianz auf dem Markt der Gesetzlichen Krankenversicherungen. Die Holding soll im Endausbau ein jährliches Budget von 200 Millionen Euro erhalten und über 1.000 Mitarbeiter beschäftigen.

Empfehlung: Privatisieren

Der gesamte Bereich des Gesundheitswesens ist ein lukrativer Wachstumsmarkt für private Anbieter. Gerade die IT-Branche ist leistungsfähig und wettbewerbsfest, zudem kostengünstig. Mit der Gründung der gkv informatik wird der übrige Markt jedoch explizit ausgeschlossen. Gesetzliche Krankenkassen könnten sämtliche Rechenleistungen günstiger einkaufen als sie selbst zu verwalten. Wir empfehlen deshalb die echte Privatisierung dieses Bereiches.

27

Kommunale Fahrradbeauftragte

Lobbyisten für die Radler

Er fördert hauptamtlich den Radverkehr, damit seine Gemeinde als „Fahrradfreundliche Stadt" in die „Arbeitsgemeinschaft fahrradfreundliche Städte, Gemeinden und Kreise in Nordrhein-Westfalen e.V." (AGFS) aufgenommen wird. Dafür muss man sich bewerben und bewähren. Ein Anderer hält anderenorts Bürgersprechstunden zum Thema „Fahrradfahren in ..." ab oder erprobt als Testfahrer neue Radwege und ist verantwortlich für das Aufstellen eines Gepäcksafes. So können Fahrradfahrer ohne lästiges Gepäck durch die schöne Innenstadt flanieren. Den Gepäcksafe hat eine regionale Bankniederlassung finanziert. Die Fahrradbeauftragten finanzieren die Steuerzahler.

Übertriebene Fürsorge

Herford, Moers und Dortmund sind in Deutschland kein Einzelfall. Immer mehr Gemeinden, Kreise und Städte üben sich in übertriebener Fürsorge und installieren Fahrradbeauftragte. In mindestens zwölf Landesbehörden und in 64 Städten bzw. Landkreisen strampeln sie sich hauptamtlich für die Belange der Radfahrer ab. Sie koordinieren die Aktivitäten von Fahrradvereinen, helfen bei Planung und Durchführung von Veranstaltungen oder erarbeiten fahrradfreundliche Verkehrsregelungen.

Die Bundesregierung kann sich sogar vorstellen, dass dank ihrer Hilfe der CO2-Ausstoß verringert werden kann. Der ehemalige Bundesverkehrsminister Tiefensee meinte im Jahr 2008: „90 Prozent der Autofahrten in der Stadt haben eine Länge von weniger als sechs Kilometer. Ich stelle mir vor, dass wir in den nächsten zehn Jahren ein Drittel dieses Verkehrs auf das Fahrrad bringen. Das Umweltbundesamt (UBA) hat ausgerechnet, dass wir, wenn wir ein Drittel davon aufs Fahrrad brächten, rund 7,5 Millionen Tonnen CO2 vermeiden könnten." Man müsse nur den Nationalen Radverkehrsplan 2002 bis 2012 umsetzen.

Empfehlung: Abschaffen

Es kann nicht Aufgabe der Kommunen sein, die Fahrradfahrer bevorzugt zu behandeln. Neben Fußgängern und Autofahrern sind Radler gleichberechtigte Verkehrsteilnehmer und stehen unter der Obhut der Straßenverkehrs- und Ordnungsbehörden. Für die Umsetzung Nationaler Radverkehrspläne sind bestenfalls die Städteplaner und Baubehörden zuständig. Zweifelsohne ist es ein ehrenwertes Anliegen, Autofahrer für den Umstieg auf das Fahrrad zu motivieren. Dafür gibt es eine schlagkräftige private Lobby für die Spezies Radfahrer und solche, die es werden sollen – unter anderem den Allgemeinen Deutschen Fahrrad-Club sowie zahlreiche Umwelt- und Sportvereine. Unsere Empfehlung an die betroffenen Kommunen lautet daher: Schafft die Fahrradbeauftragten wieder ab.

Kommunales Stadtmarketing

28

Wettbewerb der Städte

Ein Produkt braucht Werbung. Was wäre das beste Produkt, wenn es keiner kennt? Ein Ladenhüter. Das gilt auch für Städte. Sie müssen attraktiv sein für Investoren, Touristen und Bürger. Um im Wettbewerb der Standorte bestehen zu können, betreiben die großen Kommunen daher Stadtmarketing. Dies ist indes keine rein öffentliche Aufgabe. Auch Gastronomie, Hotellerie und Handel tragen maßgeblich zum Erscheinungsbild und Auftreten einer Stadt bei.

Kommunales Marketing meist unwirtschaftlich

Das in der Privatwirtschaft unverzichtbare Marketing gilt schon seit den späten 1980er Jahren als geeignete Maßnahme großer Städte im internationalen Städtewettbewerb. Seit Mitte der 1990er Jahre versuchen auch mittelgroße Kommunen, strukturelle Probleme wie Geschäftsaufgaben, leer stehende Ladenlokale, ausbleibende Konsumenten und unattraktiver werdende Innenstädte mit Marketingmaßnahmen zu begegnen. Ein Beispiel ist Münster. Die Kommune gründete im Jahr 2001 ihr Stadtmarketing als städtischen Eigenbetrieb. Heute beschäftigt die Stadt in diesem Bereich etwa 37 Mitarbeiter. Der Etatansatz hierfür beläuft sich jährlich auf 2,6 Mio. Euro (2008), wovon 1,6 Mio. Euro Personalausgaben sind. Das sind im Schnitt 53.000 Euro pro Mitarbeiter.

Empfehlung: Privatisieren

„Marketing ist eine strategische Führungsaufgabe. Es basiert auf der realen Utopie einer Stadt", lautet das Motto in Münster. So richtig diese Einsicht ist, so fragwürdig erscheint die Umsetzung des Stadtmarketings in der Praxis. Es ist überflüssig und falsch, dass die Kommune alle Aufgaben in Eigenregie erfüllt. Touristisches Marketing, Imagewerbung, PR und Öffentlichkeitsarbeit sollten kommunal geplant und koordiniert werden. Die Umsetzung sollte jedoch Profis bzw. privaten Marketingagenturen überlassen werden. Städtische Eigenbetriebe oder GmbHs als hundertprozentige Töchter der Kommunen stellen gut dotierte Versorgungsposten bereit. Sie verzerren durch die Umgehung von Ausschreibungspflichten den Wettbewerb, sichern auf diese Weise Privilegien in einem geschützten „Markt" und erfüllen ihre Aufgaben häufig nicht professionell genug. Unsere Empfehlung an die betroffenen Städte lautet daher: Privatisiert das Stadtmarketing. Kluge Städte wie Hamburg, Karlsruhe, Koblenz und Esslingen haben dies bereits getan. Oft erfolgreiche Beispiele für Public-Private-Partnership.

Prinzipalmarkt in Münster/Westfalen mit der Lambertikirche

29

Künstlersozialkasse

Privilegierte Künstler, abkassierte Unternehmen

Der Bund der Steuerzahler betrachtet diese Behörde als „insgesamt verfassungswidrig“ und läßt derzeit die Rechtmäßigkeit im Rahmen von zwei Musterprozessen klären. Es geht um die Privilegierung bestimmter Berufsgruppen (Künstler, Musiker, Journalisten, Grafiker etc.) und um die Abgabepflicht von Unternehmen, die diese Berufgruppen beauftragen. Schon die Begriffsdefinition ist umstritten: Ein „gewöhnlicher“ Schauspieler gilt beispielsweise als Künstler, der Darsteller in einem Sexfilm dagegen nicht. Wer auf Papier zeichnet, ist Künstler, wer auf die Haut zeichnet, ist kein Künstler, sondern Tätowierer. Auch freie Journalisten und Grafiker gelten als Künstler. Von der Künstlersozialkasse anerkannte Künstler und Journalisten können sich günstig sozialversichern und sind damit gegenüber anderen Selbständigen privilegiert, denn die Hälfte ihres Versicherungsbeitrages übernehmen Bund und bestimmte Unternehmen.

Die Künstlersozialkasse ist selbst kein Leistungsträger, sondern bezuschusst die Beiträge ihrer Mitglieder zu einer Krankenversicherung ihrer Wahl und zur gesetzlichen Renten- und Pflegeversicherung. Selbstständigen Künstlern und Publizisten, die in der KSK sind, steht der gesamte gesetzliche Leistungskatalog zu. Sie müssen dafür aber nur die Hälfte der jeweils fälligen Beiträge zahlen, die KSK stockt die Beiträge auf: aus einem Zuschuss der Bundes (20 Prozent) und aus Abgaben von Unternehmen (30 Prozent), die „Künstler“ beauftragen. Für die betroffenen Unternehmen ist die KSK ein einziges Ärgernis. Müssen sie doch bis zu fünf Prozent von jedem Honorar zusätzlich abführen, unabhängig davon, ob der beauftragte Künstler in der KSK versichert ist oder nicht. Besonders betroffen sind Tausende von kleinen Dienstleistern wie z.B. Werbeagenturen. Neuerdings mit Unterstützung der Betriebsprüfung der mächtigen Rentenversicherung schreibt die KSK seit Jahren jedes „verdächtige“ Kleinunternehmen an und überraschte viele, die diese Regelung gar nicht

kannten, mit z.T. existenzgefährdenden hohen Nachzahlungen für die vergangenen fünf Jahre. Die Bremer Behörde selbst expandiert immer weiter, von einst vier auf inzwischen über 400 Mitarbeiter, ein echtes Arbeitsbeschaffungsprogramm für ein strukturschwaches Gebiet. Für die betroffenen Firmen ist das nicht nur mit einem enormen Verwaltungsaufwand verbunden. Sie müssen dezidiert prüfen, für welche freien Mitarbeiter Beiträge zu zahlen sind. 2008 wurden so über 3,5 Milliarden an Honoraren gemeldet. Der Bundeszuschuss stieg innerhalb von zehn Jahren von 84,2 auf 131,4 Mio. Euro (2008). An Abgaben eingenommen hat die KSK im gleichen Jahr 195 Mio. Euro. Übrigens: Die Firmen müssen auch für politische Künstler zahlen, zum Beispiel für prominente Ex-Politiker, die als Redner engagiert werden. Die Künstlersozialkasse hat rund 160.000 Mitglieder und ist Teil der Bundesverwaltung.

WEG DAMIT

Empfehlung: Abschaffen

Die Künstlersozialkasse wird von vielen Unternehmen als Wegelagerer-Behörde angesehen. Sie kassiert viele Kleinunternehmen ab, um eine kleine Berufsklientel bevorzugt zu behandeln. Der Staat sollte entweder alle Selbstständigen bei ihrer privaten Kranken-, Pflege- und Rentenabsicherung unterstützen oder keinen. Unsere Empfehlung daher: Schafft die Künstlersozialkasse wieder ab. Künstler sollten sich wie jeder andere Freiberufler selbst versichern.

Kuratorium für Technik und Bauwesen in der Landwirtschaft

30

Infos über den neuen Mähdrescher

Endlich ist der neue T670i auf dem Markt. Das Herz des Landwirtes hüpft vor Freude, hat er doch lange und ungeduldig auf diesen neuen Mähdrescher gewartet. Die Frage lautet nur: Hält dieses Prachtexemplar modernster landwirtschaftlicher Technik wirklich das, was der Hersteller verspricht? Doch der Landwirt braucht nicht lange im Dunkeln zu tappen. Die Antwort gibt ihm das „Kuratorium für Technik und Bauwesen in der Landwirtschaft" (KTBL).

Geldgeber ist der Bund

Das KTBL ist ein eingetragener Verein und residiert in Darmstadt, im Hauptausschuss der Mitglieder sitzen zahlreiche Professoren. Das Kuratorium versorgt Deutschlands Bauern mit Informationen über neue Technologien, gibt ihnen Tipps für

die landwirtschaftliche Praxis, erarbeitet Planungsdaten für die Wirtschaft, schätzt neue Technologien ein und vermittelt bei Interessenkonflikten zwischen Landwirtschaft und Umweltschutz oder Bund und Ländern. Gefördert wird das KTBL mit jährlich 4,9 Mio. Euro durch das Bundesministerium für Ernährung, Landwirtschaft und Verbraucherschutz. Das Kuratorium wird damit fast vollständig vom Bund alimentiert. Allein die Kosten der etwa 80 Mitarbeiter belaufen sich auf 3,35 Mio. Euro.

Empfehlung: Abschaffen

Die technische Beratung der Landwirte ist keine Staatsaufgabe. Das mag 1927 bei der Gründung des Vorgängervereins, des Reichskuratoriums für Technik in der Landwirtschaft, notwendig gewesen sein. Produkte wie Planungs-Software und Geoinformationsdienste liefern heute auch private Firmen. Sinnvolle neue Technologien setzen sich auch ohne den Segen des KTBL durch. Zudem gibt es zahlreiche andere Institutionen, die die deutschen Landwirte beraten. Der Staatszuschuss ist ein Witz. Unsere Empfehlung: Schafft das Kuratorium ab.

Landesgestüte Warendorf, Neustadt und Marbach

31

Große Liebe zum Pferd

Die Liebe zum Pferd ist in Nordrhein-Westfalen offenbar sehr groß. Im Landeswappen befindet sich der Vierbeiner, und sogar einen eigenen Zuchtbetrieb unterhält das Land. Hauptaufgabe des Landesgestüts Warendorf ist, genetisch interessante Hengste für die Züchtung zur Verfügung zu stellen. Zu den Kunden zählen Deck- und Besamungsstationen in Westfalen und dem

Rheinland sowie Züchter aus Deutschland, Europa, den USA und Australien. Angegliedert an das Gestüt ist die Deutsche Reitschule. Doch ist Nordrhein-Westfalen kein Einzelfall. Insgesamt gibt es in Deutschland elf Landesgestüte, die sich der Pferdezucht und der Ausbildung von Pferd und Reiter verschrieben haben.

Kritik am Landeszuschuss

Gegründet wurde das Gestüt in Warendorf auf Wunsch der Züchter Westfalens und der Rheinprovinz im Jahr 1836. Es war somit das erste Preußische Landgestüt im Westen. Nach Ende des Zweiten Weltkrieges ging es in den Besitz des Landes Nordrhein-Westfalen über und ist heute dem nordrhein-westfälischen Ministerium für Umwelt, Naturschutz, Landwirtschaft und Verbraucherschutz zugeordnet. Der Betrieb ist durchaus umstritten. Schon lange wird der hohe Landeszuschuss von 1,4 Mio. Euro im Jahr 2007 für das Gestüt kritisiert. Bei den Gestüten in Neustadt/Brandenburg, zu DDR-Zeiten Exportbetrieb für Zuchtpferde, spricht man von 2,5 Millionen Euro Staatszuschüssen. Und in Marbach wurden vor einigen Jahren 7,3 Millionen Euro für ein neues Ausbildungszentrum staatlich bezuschusst, in dem in 3 Lehrjahren gerade einmal 37 Auszubildende alles über Pferdewesen lernten.

Empfehlung: Privatisieren

Die Zucht von Tieren ist keine Landesaufgabe. Es gibt überall auf der Welt private Gestüte, die die Pferdezucht rentabel und ohne staatliche Hilfe betreiben. Auch der Landesregierung ist inzwischen ein Licht aufgegangen. Im Juni 2007 nahm sie das Landesgestüt in die Liste „Strukturveränderungsprojekte" auf. Ziel ist es, den Zuschussbedarf zu minimieren. Unsere Empfehlung an alle Bundesländer: Macht Nägel mit Köpfen und privatisiert eure Landesgestüte.

Landesmedienanstalten

32

Seit den 1980er Jahren gibt es für die privaten Rundfunk- und Fernsehprogramme eine eigene Institution mit vielen lukrativen Pöstchen für Politiker und Beamte: die insgesamt 14 Landesmedienanstalten. Ihre Aufgabe ist es, die privaten (und zwar ausschließlich diese) Hörfunkanbieter, Fernsehanstalten und Mediendienste zu überwachen, Sendelizenzen und Kabelkapazitäten zu vergeben und die Meinungsvielfalt im Bereich des privaten Rundfunks zu sichern. Außerdem sollen sie Verstöße gegen die Jugendschutzvorschriften und gegen die Werberichtlinien ahnden. Schließlich müssen sie auch gegen die Verbreitung rechtsradikaler Inhalte vorgehen. Der Artikel 5 des Grundgesetzes regelt die Rundfunkfreiheit in Deutschland. Danach darf der Staat keinen direkten Einfluss auf Hörfunk und Fernsehen nehmen. Die Medienaufsicht ist daher „staatsfern" und zudem in Länderhoheit organisiert. Der Rundfunkstaatsvertrag zwischen den Bundesländern regelt Organisation, Aufgaben und Finanzierung der einzelnen Landesmedienanstalten in den Landesrundfunk- und Landesmediengesetzen. Die Medienaufsicht unterliegt im Übrigen keinerlei Fachaufsicht.

Fragliches Ausgabengebaren

Trotz dieser vielfältigen und heiklen Aufgaben sind die Anstalten und ihr Wirken in der Öffentlichkeit kaum bekannt. In Nordrhein-Westfalen beispielsweise gibt die dort zuständige Anstalt 2009 etwa 20,5 Millionen Euro aus, darunter 7,8 Millionen für Personal, 3,75 Millionen für Veranstaltungen und Öffentlichkeitsarbeit oder 2,8 Millionen für „Bürgermedien". Auch die Filmstiftung wird mit 885.000 Euro gefördert und weitere 499.000 Euro fließen in „sonstige Förderung". In Bayern liegt der Haushalt für 2009 sogar bei 24,5 Millionen Euro, von denen zum Beispiel 2 Millionen für die Förderung von Fernsehproduktionen zur Verfügung gestellt werden, 1,4 Millionen für die Öffentlichkeitsarbeit oder 2,6 Millionen für die „Förderung technischer Infrastruktur". Aus einer Überwachungsinstitution ist eine Subventionseinrichtung geworden. Was das mit dem eigentlichen Gesetzesauftrag zu tun hat erschließt sich dem unabhängigen Betrachter nicht. Der Etat aller Landesmedienanstalten speist sich aus den Rundfunkgebühren. Im Jahr 2006 belief er sich auf insgesamt rund 140 Mio. Euro. Zusammen beschäftigten die Landesmedienanstalten etwa 460 Mitarbeiter.

Empfehlung: Zusammenlegen

Die Medienaufsicht liegt zwar in der Hoheit der Bundesländer. Doch könnten durch die Fusion aller Landesmedienanstalten erhebliche Kosten eingespart werden, beispielsweise durch Reduktion auf die Kernaufgaben, aber auch in den zahlreichen Kommissionen, die durch die Länderregelung erforderlich sind: Der Kommission für Zulassung und Aufsicht (ZAK), der Direktorenkonferenz der Landesmedienanstalten (DLM), der Gremienvorsitzendenkonferenz (GVK) und der GK – Gesamtkonferenz. Auch der Dachverband, die Arbeitsgemeinschaft der Landesmedienanstalten, wäre überflüssig. Die Länder Berlin und Brandenburg sowie Hamburg und Schleswig-Holstein zeigen, wie es geht. Sie haben ihre Anstalten zusammengelegt. Unsere Empfehlung: Geht noch einen Schritt weiter und fusioniert alle Landesmedienanstalten zu einer einzigen, verschlankten, reinen Regulierungsbehörde.

33

Markthallen München

Ein Hauch von Sozialismus

Neben den angenehmen und weniger angenehmen typischen Marktdüften liegt über den Markthallen in München auch ein Hauch von Sozialismus. Denn die Großmarkthalle München und der dazugehörige Schlachthof München sind ein städtischer Eigenbetrieb, der vom Kommunalreferat der Stadt betreut wird. Das gesamte Reich des Betriebes gilt als eines der größten internationalen Lebensmittelhandelszentren. Die Einnahmen von rund 17 Mio. Euro (2007) entsprechen ungefähr den Ausgaben. Die Markthallen werden von einer Stadträtin als „Erste Werkleiterin" gemanagt, ihr folgt in der Hierarchie ein „leitender Verwaltungsdirektor" als „Zweiter Werkleiter" und ein „Stellvertretender zweiter Werkleiter". Man ahnt, dass sich hier ein echt bayerischer Amtsschimmel wirtschaftlicher Tätigkeiten bemächtigt hat, die ohne weiteres von Privatunternehmen übernommen werden könnten.

400.000 Quadratmeter Fläche

Der Eigenbetrieb „Markthallen München" entstand Anfang 2007, indem die bislang selbständigen Betriebsteile „Großmarkthalle München" und „Schlachthof München" zusammengelegt wurden. Unter dem Motto „ein Markt mit vielen Märkten" bilden die Großmarkthalle, vier feste Lebensmittelmärkte, ein Blumengroßmarkt, eine Gärtnerhalle, 41 Wochen- und Bauernmärkte und der Schlachthof einen Verbund, der seit bald 200 Jahren die bayerische Landeshauptstadt mit Lebensmitteln versorgt. Unter anderem gehört auch der berühmte Viktualienmarkt dazu. Auf einer Fläche von insgesamt 400.000 Quadratmetern schlagen

400 Import- und Großhandelsfirmen Waren im Wert von mehr als zwei Mrd. Euro um. Hinzu kommen zahlreiche Gartenbau-Erzeugerbetriebe, Blumenhändler, eine Reihe von Fleisch- und Fischhändlern, Zerlegebetriebe und Großhandelsfirmen sonstiger Branchen.

Empfehlung: Privatisieren

Der Betrieb von Markthallen gehört nicht zu den Pflichtaufgaben einer Kommune. Unsere Empfehlung: Das Grundeigentum und die Gebäude können im Eigentum der Stadt bleiben. Doch der Betrieb Märkte und Einrichtungen sollte privaten Dienstleistern übertragen werden.

Blick auf die Münchner Innenstadt

34

MüritzTherme in Röbel

Kein Spaß mit dem Spaßbad

J.w.d. heißt „Janz weit draußen" – und so ist es dort. Dünn besiedelt, schlechte Infrastruktur und auffällig viele Spaßbäder als sogenannte Touristenattraktionen. Sie belegen, dass dem Einfallsreichtum der Fördermittelabschöpfer enge kreative Grenzen sind. Die Müritz-Therme in Röbel an Deutschlands größtem Binnensee ist ein Beispiel hierfür. Mit 3.000 Quadratmetern ist sie für einen Ort mit 5.300 Einwohnern ein relativ großes Spaßbad. Spaß haben die Kommune und das Land mit ihrer Attraktion aber bisher nicht gerade gehabt.

Schlechtes Geschäft

Die Müritz-Therme ist eines der ältesten Freizeitbäder im jungen Mecklenburg-Vorpommern. Es wurde im Dezember 1997 eröffnet. Das Land förderte 90 Prozent der Baukosten (zwölf Mio. Euro). Für die gravierenden Baumängel, die sich in späteren Jahren offenbarten, zahlte das Land erneut: satte 850.000 Euro. Ein schlechtes Geschäft ist das Spaßbad auch für die Stadt Röbel. Die Finanzierung aus den Eintrittsgeldern reicht nicht aus, um die Kosten zu decken. Die Kommune muss jährlich 212.000 Euro zuschießen. Erstaunlich, dass die schlechten Erfahrungen vieler westdeutscher Kommunen mit der Spaßbad-Welle nicht berücksichtigt wurden.

Empfehlung: Privatisieren

Es ist keine kommunale Aufgabe, defizitäre Spaßbäder zu unterstützen. Der Steuerzahlerbund forderte daher in seinem Schwarzbuch 2007 die Privatisierung der Müritz-Therme, um „endlich nach zehn Jahren die Stadtkasse zu entlasten, die in dieser Zeit kräftig zahlen musste". Wir schließen uns dieser Empfehlung an. Ein privater Betreiber sollte das Spaßbad in die schwarzen Zahlen bringen können.

Das Bayreuther Festspielhaus wurde 1872-75 erbaut.

35

Musikfestspiele Bayreuth

Die Bayreuther Festspiele mit ihren Wagner-Aufführungen gehören zum Pflichtprogramm jedes Vorstands. Soviel Prominenz wie zu diesen Veranstaltungen konzentriert sich in Deutschland bei keinem anderen Kulturereignis. Wallende Walkürengewänder, viel fotografierte Dekolletés, tiefe Einblicke in die Höhen und Tiefen der deutschen Politik- und Kulturelite. Aus dem Auge wird dabei allerdings gern verloren, dass der Kulturtempel mit hohen staatlichen Zuschüssen ein geradezu komfortables Auskommen hat. Ein nach eigener Aussage „Opernfan" schrieb an Focus Online: „Ich bestelle seit 25 Jahren und erhalte dieses Jahr das dritte Mal Karten. Ob ich alle Wagner-Opern in Bayreuth in meinem Leben erleben darf?"

44 Millionen Zuschüsse von Bund und Land

Richard Wagner gründete die Musikfestspiele in Bayreuth im Jahr 1872. Seit 1876 finden sie jährlich statt. Träger des Festspielhauses ist seit 1973 die Richard-Wagner-Stiftung Bayreuth. Die organisatorische Leitung liegt seit jeher aus vertraglichen Gründen in Wagnerschen Händen. Der Etat belief sich 2008 auf etwa 16 Mio. Euro (14,7 Mio. Euro 2009), 60 Prozent davon stammen aus dem Kartenverkauf. Private Sponsoren tragen – vor allem über die Gesellschaft der Freunde von Bayreuth – ebenfalls zur Finanzierung bei. Doch beteiligt sich auch der Staat: Der Bund und der Freistaat Bayern steuern immerhin jährlich rund vier Mio. Euro bei. Und das, obwohl Sponsoren und ein großer Mitgliederkreis die Festspiele unterstützen. Auf der Website ist zu lesen: Heute sind die Freunde von Bayreuth mit über 5.000 Mitgliedern eine der größten und finanzstärksten Mäzenatengesellschaften in Deutschland.

Richard Wagner
1813-1883

EMPFEHLUNG: SUBVENTIONEN STREICHEN

Es ist ein Ärgernis, dass die Eintrittskarten (40 bis 225 Euro) trotz des durchweg sehr kaufkräftigen Publikums beträchtlich subventioniert werden. Jede der 54.000 Karten wird mit durchschnittlich 75 Euro bezuschusst. Dabei würden korrekt kalkulierte Preise den Etat vollständig decken. Denn das Festspielhaus wäre trotzdem ausgebucht. Selbst Wagner-Urenkelin Nike Wagner hat daher gefordert, die Kartenpreise anzuheben und die frei werdenden Gelder bedürftigeren kulturellen Institutionen zukommen zu lassen. Wir schließen uns dieser Forderung ausdrücklich an und empfehlen, alle Subventionen zu streichen.

Nationale Anti-Doping-Agentur (Nada)

36

Doping ist in aller Munde. Immer wieder gibt es neue Fälle und neue öffentliche Diskussionen zu diesem Thema. Ob Handball, Fußball, Leichtathletik oder Radsport, die Quellen unzulässiger Leistungssteigerung scheinen nicht zu versiegen. Zahlreiche Sportler haben sich inzwischen von dieser höchst ungesunden Form, die Leistungen zu steigern, öffentlichkeitswirksam und

folgenschwer verabschiedet. Auch das deutsche Fernsehen verabschiedete sich zumindest vorübergehend von der Berichterstattung über die mit Dopingmitteln verseuchte Tour de France. Aber was hat der Staat mit Doping-Kontrolle zu tun, für die bis heute kein Sportler rechtlich belangt werden kann? In der Vergangenheit haben alle Sportorganisationen immer wieder ihre Fähigkeit zur Selbstreinigung betont und auch unter Beweis gestellt. Sport ist heute Big-Business-Entertainment, an dem viele Organisationen und Unternehmen eine Menge Geld verdienen und ein großes Interesse daran haben, dass der Sport sauber bleibt.

Der Bund ist der wichtigste Geldgeber

Dennoch wurde die Nada im Jahr 2002 in Form einer privatrechtlichen Stiftung gegründet. Mit 22 Mitarbeitern verfügte sie im Jahr 2008 über einen Etat von nicht weniger als 5,8 Mio. Euro. Hierzu steuerte der Bund mehr 1,3 Mio. Euro) bei. (Etat 2009: 4,4 Mio. EUR)

Zu ihren selbstgestellten Aufgaben gehören Dopingkontrollen, die Prävention, die medizinische und juristische Beratung sowie die Aufklärung, alles Aufgaben, für die die Sportverbände selbst sorgen müssten. Die Agentur arbeitet mit zahlreichen internationalen Institutionen und Gremien zusammen. Auf dem Anti-Doping-Portal der Nada kann sich die interessierte Öffentlichkeit umfassend informieren. Athleten, Trainer, Betreuer und Verbands-Mitarbeiter können Dokumente und Formulare abrufen.

GELD STREICHEN

Empfehlung: Zuschüsse streichen

Die Dopingprävention ist keine staatliche Aufgabe. Hierfür ist der Spitzensport verantwortlich. Denn der verursacht das Problem und ist zudem der einzige Nutznießer des Kampfes gegen das Doping. Unsere Empfehlung daher: Streicht die Zuschüsse und nehmt die Sportverbände in die Pflicht.

Der Nürburgring in der Eifel

Nürburgring GmbH

37

Der Nürburgring in der Eifel hat schon viele berühmte Rennfahrer gesehen: Juan Manuel Fangio, Jim Clark, Jackie Stewart, Alain Prost, Michael Schumacher, Mika Häkkinen, Fernando Alonso – sie alle verdienten dort ihr Geld, gewannen Rennen der Formel 1 und wurden reich. Nur die Rennstrecke selbst war wenig erfolgreich. Ohne staatliche Zuschüsse wäre sie längst pleite. Immer wieder mussten die Gesellschafter, das Land Rheinland-Pfalz (90 Prozent) und der Landkreis Ahrweiler (10 Prozent), für die hohen Verluste gerade stehen.

133 Euro Zuschuss pro Eintrittskarte

In den vergangenen Jahren hat sich die finanzielle Lage weiter verschlechtert. Die durch die Formel 1 entstandenen Kosten wurden durch die Erträge nicht mehr gedeckt. In den Jahren 2004 und 2005 verursachten sie beispielsweise Verluste von jeweils nahezu 10 Mio. Euro. Jede Eintrittskarte wurde durch die Steuerzahler mit 133 Euro bezuschusst. Im Zeitraum 2007 bis 2009 wird erneut eine staatliche Kapitalzufuhr von mindestens 30 Mio. Euro nötig. Auch zusätzliche Events wie „Rock am Ring" oder das Angebot an Hobbyrennfahrer, gegen eine Gebühr die Strecke zu benutzen, haben nichts an der Misere geändert.

Nun wurde der Nürburgring zu einem „ganzjährigen Freizeit- und Businesszentrum" ausgebaut, das seinen Besuchern weitere Attraktionen wie ein Museum und einen Themenpark bietet. Allerdings ging dem privaten Investor, der nie eigenes Geld besaß, sondern nur Kredite sammelte, bereits Ende 2008 das Geld aus. Das Land half. Termindruck trieb die Kosten weiter nach oben, in der Hektik entstandene Baumängel müssen nun beseitigt werden, provisorische Lösungen wieder demontiert werden. Auf etwa 185 Mio. Euro wird derzeit der direkte Landesanteil der Baukosten geschätzt. Insgesamt also 300 Mio. Euro, von denen 270 Mio. Euro aus Steuergeldern stammen. Der zwischenzeitliche Versuch des Landes, die Immobilien zu verkaufen und zurückzumieten, scheiterte bisher. Jetzt will das Land den Nürburgring vermieten und sich aus dem Management des Rings zurückziehen. Eine private Unternehmensgruppe soll den Betrieb übernehmen.

Empfehlung: Komplett Privatisieren

Auch wenn der Nürburgring interessante Geschichten schrieb – es ist keine Aufgabe des Staates, eine Rennstrecke zu besitzen und Motorsport-Events zu finanzieren. Mit der Verschwendung der Steuergelder muss endlich Schluss sein. Schließlich lässt sich mit dem Rennsport viel Geld verdienen. Das lebende Beispiel ist Bernie Ecclestone, der mit der Formel 1 zum Milliardär wurde.

38

Pflanzenschutzamt Berlin

Auf der Website des Berliner Senats heißt es: „Ein Hauptanliegen der Tätigkeit des Pflanzenschutzamtes Berlin ist die verantwortungsbewusste Beratung aller Unternehmen und Bürger unserer Stadt über den Umgang mit ihren Pflanzen und über die Möglichkeiten, Bedingungen, Voraussetzungen und Grenzen des Schutzes vor Schadenserregern". Der tiefere Sinn dieser Behörde wird dann so formuliert: „Die Arbeitsschwerpunkte ergeben sich aus den Anforderungen, die sich aus der Nutzung und Bewirtschaftung der Pflanzen und Pflanzenbestände in den Ökosystemen einer Kulturlandschaft ergeben, in der sich unter den natürlichen klimatischen und geologischen Gegebenheiten und Bedingungen der Mark Brandenburg, die Großstadt Berlin entwickelt hat."

Konkret sieht die Arbeit dann so aus: Die Rosskastanienminiermotte befällt überwiegend die weiß blühenden Rosskastanien. Um den Miniermottenbefall einzudämmen und die Gesundheit der Kastanien zu fördern, muss das Kastanienlaub im Herbst möglichst vollständig gesammelt und entsorgt werden. Das empfiehlt die Berliner Senatsverwaltung den Bürgern der Hauptstadt. Sie beruft sich dabei auf das Pflanzenschutzamt Berlin. Untersuchungen des Amtes hätten die Wirksamkeit der Laubbeseitigung im Kampf gegen die Motte bestätigt: Sorgfältiges Laubsammeln reduziert den Befall um zwei Drittel im nächsten Frühjahr. Aber kann so etwas nur ein städtisches Pflanzenschutzamt herausfinden?

Pflanzenkrankheiten und Schädlinge

Von Berlin seien schon immer wesentliche Impulse für die Entwicklung des Pflanzenschutzes ausgegangen, heißt es in einem Informationsblatt des Pflanzenschutzamtes. Seit 1953 setzt die Behörde die Tradition fort. Hierzu stehen ihr heute rund 30 Mitarbeiter und ein Etat von gut zwei Mio. Euro (2007) zur Verfügung. Das Amt prüft die Pflanzenbestände in Berlin auf Krankheiten und Schädlinge und berät alle Berliner Unternehmen und Bürger über den Umgang mit und den Schutz ihrer Pflanzen. Die Ein- und Ausfuhr von Pflanzen und Pflanzenerden wird überwacht, Pflanzenschutzmittel werden auf ihre Wirksamkeit getestet.

Empfehlung: Abschaffen

Es nötig und löblich, den Bestand an Pflanzen in einer Kommune zu schützen und die Bürger bei der Gartenarbeit zu beraten. Hierzu bedarf es jedoch keiner Behörde. Das Geld könnte komplett eingespart werden. Bürger können sich im Internet vollständig sämtliche Pflanzenschutz-Ratschläge abrufen und brauchen dafür keine kommunale Ratgeber-Behörde. Im Übrigen gibt es bundesgeförderte Institute für Pflanzenschutz, die der Stadt Berlin helfen könnten, wenn es um grundsätzliche Fragen zu diesem Thema geht. Unsere Empfehlung: Lasst die Aufgaben des Pflanzenschutzamtes private Dienstleister erfüllen.

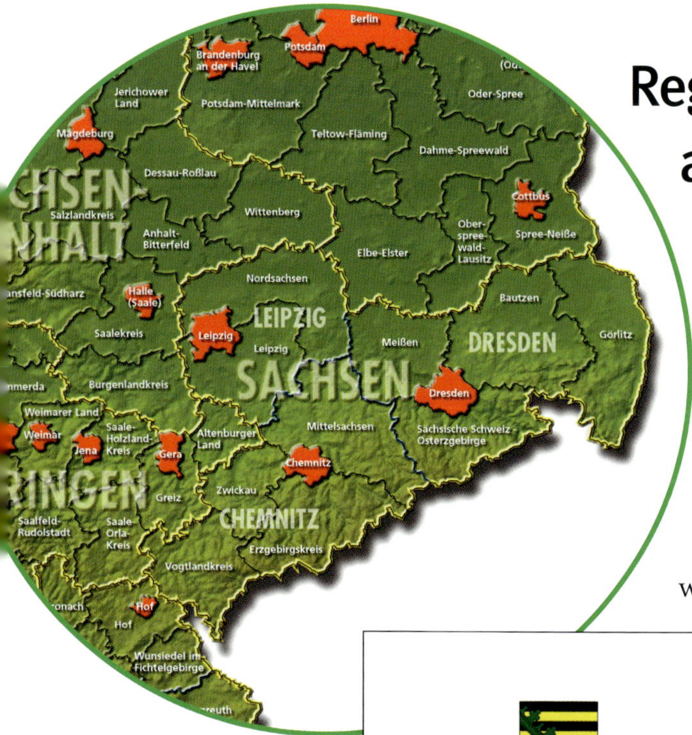

Regierungsbezirke, am Beispiel Sachsen

Sie haben seit mehr als 200 Jahren eine wechselvolle Geschichte. Mal wurden sie geschaffen, mal wurden sie aufgelöst. Rheinland-Pfalz, Sachsen-Anhalt und Niedersachsen haben sie in den letzten Jahren abgeschafft, dabei hatte Sachsen-Anhalt sie 1990 gerade erst wieder eingerichtet. Im Freistaat Sachsen wurden sie im Zuge der Verwaltungsreform kurzerhand umbenannt: in Direktionsbezirke. In vier Bundesländern existieren sie aber noch heute: die Regierungsbezirke. Ein Direktions- und Regierungsbezirk ist ein definiertes Territorium, für das als staatliche Mittelinstanz ein Regierungspräsidium oder eine Landesdirektion für ressortverschiedene Aufgaben zuständig ist. Sie agieren zwischen der obersten Ebene – das sind die Ministerien – und den unteren Verwaltungsbehörden und sollen insbesondere den Bürgern lange Wege ersparen.

39

Unterschiedliche Auffassungen

Braucht man die Regierungsbezirke im Zeitalter der schnellen virtuellen Kommunikation noch? Die Beantwortung dieser Frage scheidet die Geister. Während die Abschaffung der Regierungsbezirke in den o. g. Ländern nicht zu einem Verwaltungsdrama geführt hat, kämpft man in Nordrhein-Westfalen um jeden Standort. Hier werden möglicherweise demnächst aus fünf Regierungsbezirken drei. In Baden-Württemberg wurden durch die Verwaltungsreform 2005 die Kompetenzen der dortigen vier Regierungspräsidien sogar gestärkt durch weitere Aufgabenübertragung.

In Sachsen wurden nach der Wende drei Regierungspräsidien geschaffen, um die damals 48 Kreise und sechs kreisfreien Städte bei der Umstellung auf die neuen Verwaltungsaufgaben und -strukturen zu unterstützen. Seit 1994/1996 fungierten sie als Mittler zwischen den 22 Kreisen, sieben kreisfreien Städten und den Landesministerien, die 2008 im Zuge der Kreisgebietsreform auf 10 Landkreise reduziert wurden. Diverse Aufgaben der Regierungsbezirke wurden an die Kreise und die verbleibenden drei kreisfreien Städte delegiert. Die drei Regierungspräsidien in Leipzig, Chemnitz und Dresden wurden in Landesdirektionen umbenannt und blieben.

Mehr als 1.600 Mitarbeiter insgesamt mit fast 100 Mio. Euro Personalkosten jährlich bilden den Flaschenhals zwischen der Landes- und der Kommunalebene, die vorbildlich geschrumpft wurde. Sie bilden in den drei Behörden alle Ressorts der Landesebene noch einmal ab und verwalten sich intern natürlich auch: Je dreimal gibt es sie also: die Präsidenten, die Pressesprecher, die Gleichstellungsbeauftragten, die Abteilungen Infrastruktur und Verkehr, Umweltschutz, die Abteilungen Inneres, Soziales und Gesundheit sowie Zentrale Aufgaben usw.

Empfehlung: Abschaffen

Bei den Regierungspräsidien bzw. Landesdirektionen handelt es sich um überflüssige Behörden. Als potenzielles Einsparpotential werden sie schon lange gehandelt und auch die Zahlen sprechen für sich: Gab es 1991 noch 32 Regierungsbezirke in acht Bundesländern, sind es mittlerweile nur noch 22 in fünf Bundesländern. Weiter so. Allerdings sind eben gerade die mittleren Führungsebenen die Verhinderer der Auflösung. Gut dotierte Stellen würden verschwinden.

Schutzgemeinschaft Deutscher Wald

40

Der Deutschen liebstes Stück ist der Wald. Am 5. Dezember 1947 wurde die Schutzgemeinschaft Deutscher Wald (SDW) in Bad Honnef gegründet. Die Gründungsaufgabe, die Abholzung des Waldes als Reparationsleistung in der Nachkriegszeit, konnte in Zusammenarbeit mit den Ministerien rechtzeitig beendet werden. Bereits 1948 wurde die Landespflege (Boden, Wasser, Landschaft) mit in das Programm der SDW übernommen. Und unmittelbar nach dem Fall der Mauer im Jahr 1989 und der Wiedervereinigung Deutschlands hat die SDW damit begonnen, die Alleen in Mecklenburg-Vorpommern, Brandenburg, Sachsen-Anhalt, Sachsen und Thüringen systematisch zu erfassen und zu kartieren.

Wichtige Organisation

Heute sind in den 15 Landesverbänden rund 26.000 aktive Mitglieder organisiert. Die Verbands- und Fachzeitschrift "Unser Wald" erscheint alle zwei Monate in einer Auflage von 10.000 Stück. Das Ziel des Verbandes ist es, über den Zustand des Waldes aufzuklären, die Gefahren aufzuzeigen, das Verständnis der Menschen für die Bedeutung des Waldes zu vertiefen und die wissenschaftliche Forschung für den Schutz des Waldes zu unterstützen. Über allem steht der Bundesverband. Die Schutzgemeinschaft Deutscher Wald wird vom Bundesministerium für Ernährung, Landwirtschaft und Verbraucherschutz institutionell gefördert.
Zwar scheint der institutionelle Zuschussbetrag des Bundes nicht sehr hoch (2009 waren es ca. 191.000 Euro), dazu kommen jedoch diverse Projektförderungen. Und die läppern sich zusammen. Da fördert zum Beispiel 2009 die Stadt Mannheim die Waldpädagogik in Höhe von 10.000 Euro. Als weitaus größeres Projekt soll der Neubau des „Hauses des Waldes" der Schutzgemeinschaft Deutscher Wald (SDW) aus dem Konjunkturpaket mit vier Millionen Euro bedacht werden. Dieses rund 6,8 Mio. Euro teure Projekt der SDW wird seit sieben Jahren kontrovers diskutiert. Der Hamburger Senat räumt großzügig unentgeltlich ein 60jähriges Erbbaurecht für die 18.000 Quadratmeter große Forstfläche ein und verzichtet damit auf Einnahmen in Höhe von 720.000 Euro. Dabei soll der SDW-Geschäftsführer in der Vergangenheit erklärt haben, für das Vorhaben keine staatlichen Mittel zu benötigen. Den Steuerzahler würde es freuen.

EMPFEHLUNG: ZUSCHÜSSE STREICHEN

Die meisten Verbände und Organisationen müssen sich aus ihren Mitgliedsbeiträgen vollständig finanzieren. Dies sollte auch für die Stiftung Deutscher Wald gelten, die sicherlich sinnvolle Arbeit leistet, aber staatliche Zuschüsse überhaupt nicht nötig hat.

Sea-Airport Cuxhaven/Nordholz GmbH

41

Nur wenige Flugbewegungen

An der Autobahn A27 zwischen Cuxhaven und Bremerhaven in Nordholz liegt der Sea-Airport Cuxhaven. Mit dem Flughafen und dem neu erschlossenen, direkt angrenzenden rund 40 Hektar großen Industriegebiet Sea-Airpark verfüge die Region über ein herausragendes Angebot für den Geschäftsreise- und Charterverkehr, den Inselflugverkehr, die internationale Luftfracht sowie nicht zuletzt für ansiedlungswillige Unternehmen, die die besonderen Standortvorteile der Luftfahrtclusters Norddeutschland suchten, preist die Homepage des Airports die Vorzüge. Die Realität ist ernüchternd. Es finden nur wenige Flugbewegungen statt, der Airport ist nicht annähernd ausgelastet. Der Flughafen selbst ist nicht eigenständig, er nutzt den Mari-

nefliegerstützpunkt Nordholz mit. Einen Flugplan sucht man auf der Website vergebens. Man muss dazu Kontakt mit der Flughafenbetriebsgesellschaft aufnehmen.

Die Kugelbake ist das Wahrzeichen der Stadt Cuxhaven und zugleich der nördlichste Punkt von Niedersachsen.

Ein Fass ohne Boden

Gesellschafter der Flughafen-Betriebsgesellschaft Cuxhaven/Nordholz GmbH sind mit 74,8% die öffentliche Hand (Stadt Cuxhaven, Landkreis Cuxhaven, Gemeinde Nordholz) sowie sieben private Gesellschafter mit insgesamt 25,2%. Sie haben wenig Freude an ihrem Projekt. Zu einem „Fass ohne Boden" habe sich der Regionalflughafen entwickelt, urteilte der Bund der Steuerzahler in seinem Schwarzbuch 2008, das zahlreiche Fälle öffentlicher Verschwendung auflistet. Bis 2006 habe der 2002 in Betrieb genommene Airport Verluste in Höhe von 4,3 Mio. Euro erwirtschaftet. Darüber hinaus benötige der Flugplatz bis 2016 mindestens weitere 3,6 Mio. Euro an Zuschüssen, die die Gesellschafter zu tragen hätten, heißt es in dem Schwarzbuch.

Empfehlung: Schliessen

WEG DAMIT

Ganz offensichtlich ist der Regionalflughafen für seine Betriebsgesellschaft ein Subventionsgrab. Der Bund der Steuerzahler fordert deshalb unter dem Motto „Lieber ein Ende mit Schrecken als ein Schrecken ohne Ende" seine Schließung, wenn sich nicht bald wirtschaftliche Erfolge einstellen. Den Gesellschaftern droht dabei allerdings die Rückzahlung der Fördermittel, die zweckgebunden durch das Land vergeben wurden. Das Ministerium für Wirtschaft, Arbeit und Verkehr des Landes Niedersachsen bemerkt richtiger weise im September 2009: „Grundsätzlich ist anzumerken, dass die Verantwortung für die Gesamtfinanzierung des Vorhabens... in dem Zeitraum, der der Mittelverwendungsprüfung unterliegt, beim kommunalen Projektträger und bei der Gemeinde Nordholz als Antragsteller liegt". Zu deren Sicherung braucht es vermutlich noch einmal den Griff ins Steuersäckel. Aber lieber ein Ende mit Schrecken als ein Schrecken ohne Ende.

42

Staatliche Spielbanken

Die Bürger sollen nicht leichtfertig ihr letztes Hemd verzocken. In Deutschland gibt es deswegen ein grundsätzliches Glücksspielverbot. Durch Konzessionen gewähren die Bundesländer jedoch Ausnahmen von diesem Verbot. Dabei erlaubt das Spielbankgesetz je nach Bundesland unterschiedliche Betreiberformen: staatliche, halbstaatliche und private Gesellschaften. So gibt es in Deutschland 78 konzessionierte Spielbanken, die fast alle in staatlicher Regie betrieben werden. Ganz so als könnten Croupiers, die bei einem Staatsbetrieb angestellt sind, die Spielsucht ihrer Kunden effektiver bekämpfen. Niedersachsen hat seine Spielbanken erfolgreich privatisiert und kann trotzdem über die Spielbankenabgabe viel Geld in der Landeskasse verbuchen. Der sogenannte Glücksspielstaatsvertrag, den die Länder 2008 insbesondere zur Wahrung des staatlichen Lottomonopols unter dem Vorwand des Gesundheitsschutzes erneuert haben, verstößt nach Ansicht der Europäischen Kommission eindeutig gegen Europarecht. Den Bürger vor Glücksspielsucht zu schützen ist zwar eine sinnvolle Aufgabe. Doch dieses Motiv der Länder ist heuchlerisch. Sie wollen letztlich nur die lukrativen Einnahmen und manchen Posten, etwa in den Lottozentralen, auf den sie mehr oder weniger verdiente Politiker abschieben können.

Verlustreiches Geschäft

Die Spielbanken in Sachsen-Anhalt sind zum Beispiel im Besitz der Spielbanken GmbH, die wiederum eine hundertprozentige Tochter des Landes ist. Sie betreibt Casinos in Magdeburg, Halle und Wernigerode und führt einen bestimmten Prozentsatz des Bruttospielertrages, die sogenannte Spielbankabgabe, an das Land ab. Besonders erfolgreich war das Geschäft in der jüngeren Vergangenheit aber nicht. Im Jahr 2006 machte die Spielbanken GmbH 1,1 Mio. Euro Verlust (nach Spielbankenabgabe). Seit Einführung des Glücksspielstaatsvertrages mit strengeren Casinoauflagen und dem Rauchverbot sind die Einnahmen der Spielbanken weiter kräftig eingebrochen. Im ersten Quartal 2008 besuchten etwa ein Drittel weniger Kunden eine Spielbank. Man vermutet, dass diese Besucher wieder stärker in die Illegalität des Onlinespiels abwandern und dort ihr Glück suchen.

Empfehlung: Privatisieren

Es gibt keinen plausiblen Grund, warum eine Spielbank von einer staatlichen Gesellschaft betrieben werden muss, die ihre Mitarbeiter nach Staatstarifen bezahlen muss. Die Einkünfte aus der Spielbankabgabe zwischen 40 und 80 Prozent der Bruttospielerträge würden weiter in die Landeskassen fließen. Private Betreiber hätten sehr viel größeren Spielraum, das Spielgeschäft unter Einbeziehung des Internet-Gaming wirtschaftlich zu organisieren, zu reformieren und zu modernisieren. Und je größer der Umsatz, umso höher die Abgaben an den Staat. Das sah offenbar auch die niedersächsische Landesregierung so. Andere Länder sollten diesem Beispiel folgen. Immerhin, im Oktober 2008 hat die Landesregierung von Sachsen-Anhalt einen Gesetzentwurf beschlossen, der die Voraussetzungen zur Privatisierung der Spielbanken schaffen soll. Die Koalitionsvereinbarung von FDP und CDU vom Herbst 2009 fasst die Privatisierung der Spielbanken ebenfalls in Auge.

Kloster Eberbach

Staatliche Weingüter

43

Ein Bundesland als Winzer

Deutschland ist ein Weinland: Es gibt zahlreiche Weingüter, die für ihren edlen Tropfen bekannt sind, und – man möchte es kaum glauben – manche davon gehören dem Staat. Zum Beispiel die Hessischen Staatsweingüter Kloster Eberbach, die sich im Eigentum des Landes Hessen befinden. Der Betrieb gilt mit sechs Domänen, drei Kellereien und 200 Hektar Anbaufläche sogar als das größte deutsche Weingut. Zurück geht der Weinanbau dort auf Zisterziensermönche, die im 12. Jahrhundert in die Region kamen.

Defizitärer Betrieb

Im Laufe der Jahrhunderte wurde der Wein zu einer wichtigen Handelsware in der Region, weshalb immer mehr Land für seinen Anbau erschlossen wurde. Mit der Säkularisierung fiel das Gut in den Grundbesitz des Fürstentums Nassau-Usingen und kam 1866 in preußischen Besitz. 1945 ging das Unternehmen dann in das Eigentum des Landes Hessen über.

Der hessische Ministerpräsident schätzt das Weingut wegen seines hohen Prestigewertes. Doch wirft der Betrieb, der etwa 80 feste Mitarbeiter und regelmäßig rund 250 Saisonarbeiter aus Polen und Rumänien beschäftigt, bisher keinen Gewinn ab. Das Land musste im Gegenteil immer wieder Kapital zuschießen,

um die Fehlbeträge auszugleichen. Jüngst wurden 15 Mio. Euro in das Weingut investiert, wovon die Hälfte aus einem Kredit kam, den das Land verbürgte.

Ähnliche Entwicklungen gibt es in anderen Bundesländern, etwa in Sachsen. Dort monierte der Rechnungshof die Verschwendung von Steuergeldern für das Staatsweingut Schloss Wackerbarth: Der Freistaat Sachsen musste über das Engagement der Sächsischen Aufbaubank Verluste in zweistelliger Millionenhöhe abdecken.

EMPFEHLUNG: PRIVATISIEREN

Die Führung eines Weingutes sei keine staatliche Aufgabe, monierte der sächsische Rechnungshof: „Steuergelder dürfen nur zur Erfüllung staatlicher Aufgaben eingesetzt werden. Soweit der Markt Leistungen in ausreichendem Umfang zur Verfügung stellt, verbietet sich eine staatliche Betätigung. Der Wettbewerb zwischen staatlichen und privaten Anbietern darf nicht durch den Einsatz von Steuergeldern beeinflusst werden." Und es gibt in der Tat keinen plausiblen Grund, warum der Staat Hersteller von Qualitätsweinen sein sollte. Die ortsansässigen privaten Winzer sehen das Weingut zu Recht als unlautere Konkurrenz, da durch dessen Subventionierung der Wettbewerb zu ihrem Nachteil verzerrt wird. Auch der reklamierte Prestigefaktor rechtfertigt keine staatliche Unternehmerrolle. Die Konsequenz kann nur lauten, die staatlichen Weingüter in Deutschland umgehend zu privatisieren.

Staatsbetrieb Sachsenforst

44

Dienstleister für Hobbyjäger

Während die drei Herren der Jagdgemeinschaft in aller Frühe auf Rotwild ansitzen, vertreiben sie Kälte und Müdigkeit mit einem Schluck aus der Pulle. Die passionierten Hobbyjäger warten darauf, dass jener kapitale Zwölfender aus dem Dickicht bricht, den jeder Jäger irgendwann einmal erlegen möchte. Der

Staatsbetrieb Sachsen Forst sorgt dafür, dass dem der Jagd mitunter auch Erfolg beschieden ist. Das Aufgabenspektrum des Betriebes ist umfassend. Er berät und betreut private Waldeigentümer, nimmt die Aufgaben einer oberen Forst- und Jagdbehörde wahr, produziert Holz in nachhaltiger und ökologisch orientierter Wirtschaftsweise, führt Schutz- und Sanierungsmaßnahmen durch und betreibt eine Versuchs- und Forschungsinstitution, in der unter anderem das Umweltwissen der Bürger geschult wird. Auch zwei Maschinenstationen werden betrieben.

Diversifizierter Staatskonzern

Hervorgegangen ist der Staatsbetrieb mit Sitz in Pirna 2006 aus der Sächsischen Landesforstverwaltung. 47 Forstämter, das Landesforstpräsidium und Teile der Forstabteilung des Sächsischen Staatsministeriums für Umwelt und Landwirtschaft wurden zusammengelegt. Dabei entstand eine Art diversifizierter Staatskonzern: Im Jahr 2008 beschäftigte Sachsenforst 1.446 Vollzeitmitarbeiter und 173 Auszubildende. Der Personalaufwand belief sich auf rund 60 Mio. Euro.

Empfehlung: Verschlanken und Privatisieren

Sachsenforst erfüllt weit mehr als seine Pflichtaufgaben. Viele der Aktivitäten könnten private Dienstleister übernehmen – und das unabhängig davon, ob das Land oder die Kommunen Eigentümer der Wälder sind. Unsere Empfehlung an den Freistaat Sachsen daher: Verschlankt den Staatsbetrieb Sachsenforst und vergebt Aufträge an Private oder teilprivatisiert den Staatsbetrieb.

Städtischer Eigenbetrieb Abfallwirtschaft Stuttgart (AWS)

45

Abfall – Big Business

Mit der Entsorgung oder Wiederverwertung von Abfällen kann man gutes Geld verdienen und viel für die Umwelt tun. Bei den etwa 8.000 Entsorgungsanlagen werden jedes Jahr über 150 Millionen Tonnen Müll angeliefert und teilweise der Wiederverwertung zugeführt. Die Abfallwirtschaft ist also ein Big Business und ein florierender Teil der wachsenden Umweltindustrie: Im Bundesverband der Entsorgungswirtschaft, dem nur Betriebe in privater Rechtsform beitreten dürfen, sind über 750 überwiegend mittelständische Betriebe organisiert, die Milliardenumsätze in dieser für den Umweltschutz so wichtigen Branche generieren. Dennoch gibt es immer noch Städte, die dieses Geschäftsfeld nicht der Privatwirtschaft überlassen wollen. Zum Beispiel Stuttgart, die Hauptstadt des eigentlich wirtschaftsfreundlichen Ländles.

Fahnenverleih inklusive

Stuttgart hat sich 2001 entschieden, das lukrative Geschäft nicht privaten Entsorgern zu überlassen, sondern einen „Städtischen Eigenbetrieb Abfallwirtschaft Stuttgart AWS“ zu gründen. Ein Eigenbetrieb ist keine eigene Rechtspersönlichkeit, sondern ist ein ausgegliedertes Sondervermögen, das der jeweiligen Gemeinde bei allen rechtlichen Handlungen zugerechnet wird. Der Gewinn – 2008 wurden 3,7 Mio. Euro erwartet – fließt in die Stadtkasse. Rund 750 Beschäftigte und 15 Beamte arbeiten für den AWS. Die städtischen Müllmänner leeren jeden Tag 20.000 Tonnen. Der Service umfasst die gesamte Palette eines modernen Entsorgungsbetriebes. Aber auch Kurioses. Highlight ist der Fahnenverleih. Die 1,5 mal 5 Meter großen Fahnen gibt es aus fast allen Ländern, von der Elfenbeinküste bis Bukina Faso, von allen Bundesländern, von den Städten Lodz, Straßburg und natürlich Stuttgart selbst. Mindest-Verleihdauer drei Tage.

PRIVATISIEREN

Empfehlung: Privatisieren

Die Ver- und Entsorgungsbranche braucht zwar öffentliche Aufsicht, aber keine städtischen Eigenbetriebe. Die erfolgreiche Arbeit zahlreicher privater Entsorgungsbetriebe zeigt, dass es möglich ist, diese Aufgabe der freien Wirtschaft zu übertragen. Einen eigenen Entsorgungsbetrieb zu führen, ist keine Aufgabe, die von einer Kommune selbst betrieben werden muss. Die Privatisierung eines Eigenbetriebes, dazu noch mit positiven Zahlen, kann für die Kommunen letztlich wirtschaftlicher sein als ihn selbst zu betreiben. Wer den Fahnenverleih einem stadteigenen Abfallentsorgungsbetrieb überträgt, ist offensichtlich auf dem falschen Gleis gelandet.

Städtische Leihämter

Auch Victor Hugo tat es

Sie sind in einem finanziellen Engpass und benötigen dringend Bargeld? Bringen Sie ihren Ehering beim städtischen Leihamt vorbei. Das haben vor Ihnen schon viele bekannte Persönlichkeiten der Weltgeschichte so gemacht: zum Beispiel Émile Zola, Victor Hugo oder Claude Monet. Das Prozedere ist einfach: Der Ring wird geschätzt und 20 Prozent seines Wertes werden bar ausgezahlt. Bei Rückzahlung des Darlehens gibt es den Ehering zurück. Verstreicht die Frist, wird der Ring versteigert. In Deutschland gibt es noch vier städtische Leihämter: in Mannheim, Augsburg, Nürnberg und Stuttgart. Die meisten Kreditgeber sind nicht kommunal. Es existieren etwa 200 private Pfandkreditbetriebe in Deutschland.

46

Zweitältestes Gewerbe der Welt

Die Pfandleihe wird auch das zweitälteste Gewerbe der Welt genannt. Städtische Leihämter gibt es seit dem 17. Jahrhundert. Das erste in Deutschland wurde in Augsburg eröffnet. Bis vor wenigen Jahren gab es noch mehr als 30 städtische Leihämter. Doch der Niedergang war nicht aufzuhalten. Die privaten Pfandleihen konnten sich dagegen in den vergangenen Jahren über ein stetig wachsendes Geschäft freuen. Aktuell liegt ihr Kreditvolumen bei knapp 500 Mio. Euro.

PRIVATISIEREN

Empfehlung: Privatisieren

Es ist keine kommunale Aufgabe, eine Pfandleihe zu betreiben. Auch das Argument, kommunale Leihämter hätten eine soziale Funktion, weil sie Gegenstände akzeptieren, die private Pfandleihen ablehnen, sticht nicht. Für bedürftige Menschen sind die Sozialbehörden zuständig. Unsere Empfehlung an die betroffenen Städte: Wenn möglich, privatisiert die kommunalen Leihämter. Ansonsten geht an der Schließung kein Weg vorbei.

Verwertungsunternehmen des Bundes (VEBEG)

47

Minensuchboote und Helikopter

Sie brauchen ein graues Minensuchboot und noch ein grünes Schlauchboot dazu? Wie ist es mit einem Helikopter MBB BO 105 S, Mod. CBS 5? Auch einen BMW der 5er-Serie können Sie haben. Der Bauchladen, der solche Wünsche erfüllt, heißt VEBEG GmbH und ist das Verwertungsunternehmen des Bundes für bewegliche Güter aller Art. Auftraggeber sind die Bundeswehr und diverse andere Behörden, darunter Wasser- und Schifffahrtsämter sowie die Finanz- und Zollverwaltung. Auch der Katastrophenschutz, das Technische Hilfswerk, die britischen Streitkräfte, die Bundespolizei, die NATO-Quartiere und das Flottenmanagement der US Army Europe haben schon die Dienste der VEBEG in Anspruch genommen. Die beachtlichen Erlöse für den öffentlichen Haushalt liegen im Interesse des Steuerzahlers, meint das Unternehmen. Das stimmt. Doch muss die Gesellschaft deshalb zu hundert Prozent dem Bund gehören?

Bundeswehr ist Hauptauftraggeber

Die VEBEG GmbH wurde im Jahr 1951 gegründet, alleinige Gesellschafterin ist das Bundesministerium der Finanzen. Ursprünglicher Zweck war es, sämtliches Material, das den Besatzungstruppen aus Mitteln des deutschen Besatzungshaushalts zur Verfügung gestellt wurde, nach der Rückgabe an die deutschen Behörden zu verwerten. Seit 1957 werden alle nicht mehr benötigten Güter der Bundeswehr, die noch heute der Hauptauftraggeber ist, verwertet. Jährlich werden rund 30.000 Verkaufsaufträge abgewickelt und Erlöse zwischen 70 und 100 Mio. Euro erzielt. Kumuliert sind das seit ihrer Gründung Gesamterlöse in Höhe von 2,1 Mrd. Euro. Nach Abzug der Betriebskosten hat die VEBEG einen Netto-Überschuss von mehr als 1,7 Mrd. Euro kumuliert an die Treugeber abgeführt.

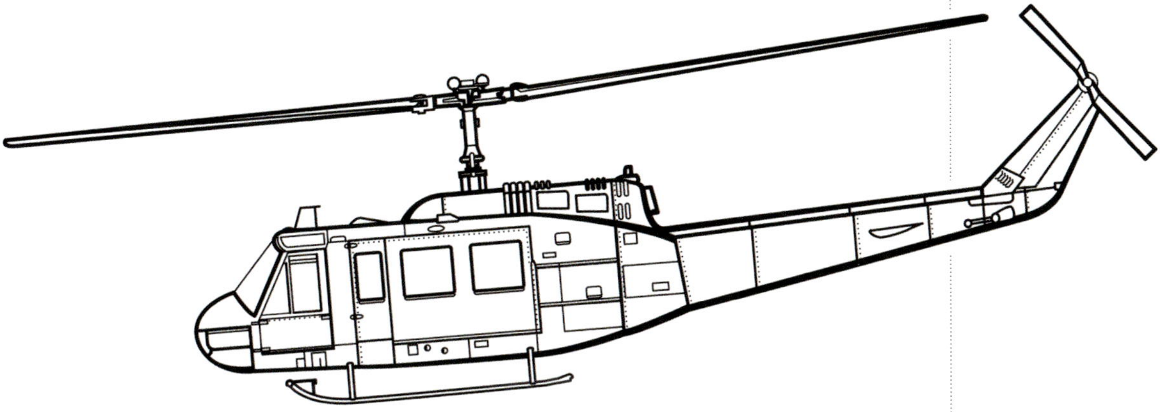

Empfehlung: Privatisieren

Die VEBEG verkauft mehrheitlich keine Panzer oder anderes Kriegswerkzeug, sondern Fahrzeuge, Schiffe, technische Ausrüstungen und Bekleidung. Es handelt sich also nur in Ausnahmefällen um militärische Güter, die einer Sonderbehandlung bedürfen. Wie zum Beispiel die Veräußerung des Landungsbootes »Muschel« der Bundeswehr, das ursprünglich nach dem Kriegswaffenkontrollgesetz hätte verschrottet werden müssen. Nun darf es mit einer Ausnahmegenehmigung des BMWi als Fährschiff zivil weiter genutzt werden.

Mit anderen Worten: Die Vermarktung der Fahrzeuge und sonstigen Güter könnten auch gut private Auktionshäuser übernehmen. Sie würden zumindest ebenso hohe Erlöse für ihre öffentlichen Kunden generieren und der Erfahrung nach mit wesentlich weniger Eigenpersonal auskommen. Unsere Empfehlung: Privatisiert die VEBEG. „Die Vermarktung ausgesonderter, beweglicher Güter aller Art im Auftrag des Bundes, der Länder und Kommunen und anderer öffentlich-rechtlicher Institutionen“ ist nun wirklich keine staatliche Aufgabe. Auch nicht deren Versteigerung.

Vision Kino gGmbH

48

Stärkung der Filmkompetenz

Jan und Kevin sind neun und zehn Jahre alt. Täglich versinken sie über Stunden in Computerspielen, bei denen manchem Erwachsenen die Haare zu Berge stehen würden. Die beiden Kleinen sind kein Einzelfall. Es mangele Kindern und Jugendlichen an der Medien- und Rezeptionskompetenz, heißt es allenthalben. Die Aufgabe der Vision Kino gGmbH in Potsdam ist es, dies zu ändern. Sie soll in enger Kooperation mit der Bundeszentrale für politische Bildung insbesondere die Filmkompetenz von Kindern und Jugendlichen stärken und sie gleichzeitig für den Kulturort des Films, das Kino, sensibilisieren.

Information und Beratung

Die im Mai 2005 gegründete gemeinnützige GmbH ist eine Initiative des Beauftragten der Bundesregierung für Kultur und Medien, der Filmförderungsanstalt, der Stiftung Deutsche Kinemathek sowie der „Kino macht Schule“ GbR. Ihren Sitz hat die Gesellschaft, die neun Mitarbeiter beschäftigt, auf dem Studiogelände in Potsdam-Babelsberg. Den Etat von jährlich 850.000 Euro finanzieren zu gleichen Teilen der Bund, die Filmförderungsanstalt sowie das Land Brandenburg. Vision Kino „unterstützt und fördert eine kontinuierliche schulische und außerschulische Filmarbeit“ durch verschiedene Aktivitäten: Die Gesellschaft informiert und berät, vernetzt andere Initiativen und Institutionen, unterstützt Projekte und führt eigene Projekte durch. Ein durchaus löbliches Engagement. Aber warum muss das wieder der Steuerzahler finanzieren?

EMPFEHLUNG: ZUSCHÜSSE STREICHEN

Die Filmkompetenz von Kindern zu fördern kann man sich als Teil schulischer Erziehung vorstellen. Dafür eine als GmbH eingerichtete Institution zu gründen, die mit ihren geringen Mitteln ohnehin nur wenige Kinder erreicht, ist keine sinnvolle Idee, zumal Werbung für die Film- und Kinoindustrie keine staatliche Aufgabe ist. Und warum muss diese Branche Kinder über ihre Aktivitäten aufklären? Für die Schulung der Film- und Medienkompetenz im Allgemeinen sind viele zuständig: die Eltern, die Schule, andere Bildungsträger, die Bundeszentrale für politische Bildung und ihre Ableger in den Bundesländern und viele mehr. Wir brauchen keine staatliche finanzierte Vision Kino gGmbH. Unsere Empfehlung: Streicht die Zuschüsse und lasst die Vision.

Zentralstelle für die Vergabe von Studienplätzen (ZVS)

49

Seit mehr als drei Jahrzehnten verpasst die Zentralstelle für die Vergabe von Studienplätzen hoch motivierten Abiturienten mit einem einzigen Wort einen schweren Dämpfer: „Abgelehnt". Zweimal jährlich werden Studienplätze für das erste Fachsemester an staatlichen Hochschulen in Verteilungs- oder Auswahlverfahren in den Fächern Biologie, Medizin, Pharmazie, Psychologie, Tiermedizin und Zahnmedizin zugeteilt.

Gericht erzwingt neues Auswahlverfahren

Nötig wurde ein Auswahlverfahren, nachdem sich die Zahl der Studenten an wissenschaftlichen Hochschulen zwischen 1952 und 1967 verdoppelt hatte. Die Universitäten führten als rechnerische Zulassungsbeschränkung den Numerus Clausus ein. Tausende Abiturienten wurden abgewiesen. Am 18. Juli 1972 entschied das Bundesverfassungsgericht, das Verfahren sei nicht mit dem Grundgesetz vereinbar. In dem Urteil wurde die Notwendigkeit der Studienplatzvergabe durch eine überregionale Stelle nach einheitlichen Auswahlkriterien betont. Daraufhin wurde 1973 durch Staatsvertrag der Bundesländer die ZVS als rechtsfähige Anstalt des öffentlichen Rechts gegründet. Sie soll die freie Studienplatzwahl nach „fairen Kriterien" beschränken. Hierfür beschäftigt die ZVS etwa 120 Mitarbeiter. Die Kosten von 10 Millionen Euro (2008) teilen sich die Bundesländer.

Ein Problem ist: Viele Studienanfänger bewerben sich an mehreren Hochschulen. Das hat zur Folge, dass Studienplätze unnötig frei bleiben. Jetzt ist geplant, dass die Servicestelle der ZVS Ordnung ins Chaos bringen soll. Die Hochschulen erstellen für jeden Studiengang Ranglisten der Bewerber. Diese Ranglisten werden an die ZVS versandt. Dann können die Bewerber das Resultat online abrufen und sich äußern, welches Angebot sie annehmen.

Gebäude der ZVS in Dortmund

Stimmt die Hochschule zu, wird der Name des Studenten aus allen anderen Ranglisten gestrichen und die Studienplätze können an andere Bewerber vergeben werden.

WEG DAMIT

Empfehlung: Abschaffen

Die Auswahl geeigneter Studenten für bestimmte Studiengänge ist nicht die Aufgabe einer zentralen staatlichen Behörde. In den USA beispielsweise gibt es so etwas überhaupt nicht. Warum sollten das die Hochschulen nicht selber können? Schließlich schaffen dies die privaten Universitäten auch. Trauen wir es unseren Hochschulen doch zu, in geeigneten Verfahren die Besten zu finden. Unsere Empfehlung daher: Schafft die ZVS ab und überlasst die Auswahl der Studenten den Universitäten.

Zentrales Personalüberhang-management (ZeP)

50

Im Dezember 2003 schenkte sich der Berliner Senat ein neues Gesetz, um auf dessen Grundlage das „Zentrale Personalüberhangmanagement" – eine neue Berliner Behörde – zu etablieren. Quasi als eigene Agentur für Arbeit, in der zunächst einmal selbst Arbeitsplätze geschaffen wurden. Dem Direktor und seinem Stellvertreter unterstehen 137 Dienstkräfte in 18 Organisationseinheiten, davon die meisten für die interne Verwaltung. Da geht einem auf, warum die Behörde auch Zentraler Stellenpool genannt wird. Für die Schaffung eigener Führungsstellen war das ZeP wirklich erfolgreich – eine Stellenbörse der besonderen Art – und einmal mehr vom Steuerzahler getragen.

Etikettenschwindel

Das ZeP kümmert sich um die „überflüssigen" Mitarbeiter der Senatsverwaltung von Berlin. Werden Dienstkräfte irgendwo nicht mehr gebraucht, werden sie in das ZeP versetzt, seit Mai 2004 immerhin 9.611 Beamte, Angestellte und Arbeiter. Im ZeP allerdings kosten sie wieder: vor allem (Steuer-)Geld. Auch in den Verwaltungen, wohin die Dienstkräfte in über 60.000 Einzelmaßnahmen mehrheitlich vermittelt wurden und werden. Das ZeP stattete u. a. mit den „überflüssigen" Dienstkräften die Jobcenter (Einführung von ALG II/Hartz IV) und die Berliner Bürger- und Ordnungsämter aus. Oder schob die Dienstkräfte in den landeseigenen Kita-Eigenbetrieb, wo dringend Erzieher und Servicepersonal, wie z.B. Küchen- und Reinigungskräfte, gebraucht wurden. Durch die Wiederbeschäftigung ihrer ehemaligen Dienstkräfte - vermittelt vom ZeP – kompensierte das Land Personalengpässe, z.B. für die Bewirtschaftung von Dienstgebäuden oder die Durchführung von Wahlen. Dieses Gebaren feiert das Land als doppelten Erfolg: Erfolgreicher (scheinbarer) Personalabbau um mehr als 1,5% sowie Kostenentlastung in Höhe von rund 355 Mio. Euro. Wir Steuerzahler nennen das eine Jobschaukel mit Etikettenschwindel. Steuergeld bleibt Steuergeld, ganz gleich, ob es als Löhne und Gehälter, Honorare oder Sachmittel in der Landesverwaltung oder in den Bezirksämtern verbraten wird.

WEG DAMIT

Empfehlung: Abschaffen oder umgestalten

Schafft das ZeP wieder ab oder baut es bei rigoroser Verkleinerung zur Servicestelle für (quantitative und qualitative) Personalentwicklung für das Land Berlin um. Die Gewerkschaft der Polizei (GdP) fordert schon seit 2007 die Abschaffung der Behörde, die nur Unruhe schafft und die Probleme nicht löst. Selbst der zuständige Berliner Finanzsenator Dr. Ulrich Nußbaum konstatierte Anfang Oktober 2009: „Die Versetzung der Überhangkräfte aus ihren Dienststellen in den ZeP verursacht einen erheblichen Verwaltungsaufwand ohne jeglichen Mehrwert. Mit der Abschaffung der Versetzung zum ZeP würde sich auch ein juristisches Problem lösen. Das Bundesverwaltungsgericht hat die Versetzung von Beamtinnen und Beamten zum ZeP schon 2008 für rechtswidrig erklärt."

Anmerkung des Verlages: Die Recherchen zu diesem Buch erfolgten nach strengen journalistischen Grundsätzen. Sämtliche Angaben sind belegbar und dokumentiert. Das folgende Quellenverzeichnis soll keine wissenschaftliche Arbeit suggerieren, sondern lediglich den Umfang der Recherchen ausführlich dokumentieren. Vielfach wurden als Quelle die Internetseiten der beschriebenen Behörden benutzt, deren Webadressen zum Teil so lang sind, dass sie uns oft als nicht zumutbar für den Leser erschienen. In diesen Fällen verweisen wir in der Regel auf die Homepage der Behörde. Intern sind die konkreten Zieladressen jedoch dokumentiert und belegbar. Die redaktionellen Arbeiten wurden zum Jahresende 2009 abgeschlossen. Bis auf wenige Ausnahmen haben sich alle Behörden geweigert, auf schriftlich vorgelegte Fragen zu antworten.

Quellenverzeichnis

0. Vorwort
(0.1) Vgl. C. Northcote Parkinson: „Parkinsons`s Law or the Pursuit of Progress“, Verlag John Murray 1958
(0.2) Vgl. Statistisches Bundesamt (Hg.): Datenreport 2006.
(0.3) Vgl. ebenda Datenreport 2008.

1. Antidiskriminierungsstelle des Bundes ADS
Vgl. Oeckl Online 2009.
Vgl. Oeckl, Albert, Taschenbuch des öffentlichen Lebens, Deutschland 2008, Berlin,
Vgl. Max A. Höfer: Unternehmen werden mit 1,73 Mrd. Euro belastet. In: Studie der INSM – Initiative Neue Soziale Marktwirtschaft vom 15.08.2007.
Vgl. Prof. Dr. Andreas Hoffjan / Dipl.-Kffr. Annehild Bramann: Kurzbericht des Lehrstuhlprojekts im Auftrag der Initiative Neue Soziale Marktwirtschaft GmbH, Empirische Erhebung der Gesetzesfolgekosten aus dem Allgemeinen Gleichbehandlungsgesetz (AGG). 15.08.2007.
Vgl. Iris Marx: Der Anti-Diskriminierungsstelle fehlen die Diskriminierten. In: www.welt.de vom 17. August 2007.
Vgl. Hundt, Dieter: Das Antidiskriminierungsgesetz – Ein Beschäftigungsprogramm für Rechtsanwälte, Rede während des Symposiums Vertragsfreiheit bewahren. Berlin, 24.2.2005.
BDA (Hg.): Arbeitgeberpräsident Dr. Dieter Hundt: AGG provoziert unnötige Bürokratie und Kosten, Presseinformation Nr. 070/2008.
Deutscher Bundestag (Hg.): Antwort der Bundesregierung auf die Kleine Anfrage der Abgeordneten Rainer Brüderle, Ina Lenke, Birgit Homburger, weiterer Abgeordneter und der Fraktion der FDP – Drucksache 16/10641. 30.10.2008. 16. Wahlperiode, Drucksache 16/10728, 30. 10. 2008.
Vgl. Homepage der ADS. Abrufbar im Internet.
URL: http://www.antidiskriminierungsstelle.de. Stand: 24.11.2009.
Vgl. Marx, Andreas: Die Antidiskriminierungsstelle des Bundes.
Siehe http://migration-boell.de.

2. Beauftragter der Bundesregierung für Tourismus
Vgl. Oeckl Online 2009.
Vgl. Oeckl, Albert: Taschenbuch des öffentlichen Lebens, Deutschland 2008, Berlin,
Vgl. Moritz Küpper: Beauftragtenwesen der Bundesregierung, Friedhof der Hinterbänkler. In: Spiegel, 01.08.2006.
Vgl. Bundesregierung (Hg.): Beispiel Tourismuswirtschaft: Politik für einen nachhaltigen Tourismus, In: Magazin für Wirtschaft und Finanzen, Nr. 060, 07/2008.
Vgl. Deutscher Bundestag (Hg.): Kostenpauschale.2009, siehe auch www.bundestag.de
Vgl. Deutscher Bundestag (Hg.): Höhe der Abgeordnetenentschädigung. 2009.
Vgl. Deutscher Bundestag (Hg.): Ernst Hinsken. 2009.

3. Bergamt Stralsund
Vgl. Oeckl Online 2009.

(Prof. Dr. Eggert, Rolf: Festschrift des Bergamtes Stralsund, S. 4., 2000. Abrufbar im Internet. www.bergamt-mv.de
Vgl. Bergamt MV (Hg.): Aufgaben. 2009, www.bergamt-mv.de

4. Bühnenservice der Stiftung Oper Berlin
Vgl. Oeckl Online 2009.
Vgl. Von Hülsen, Bernhard: Wo Faust die passende Bühne findet. In: Welt am Sonntag vom 26.01.2006.
Vgl. Christian van Lessen: Kulissen auf Bestellung. In: Tagesspiegel vom 12.02.2008.
Vgl. Walter, Birgit: Vorbildlich und sparsam. In: Berliner Zeitung vom 24.10.2008.
Vgl. Webseite der Stiftung Oper in Berlin. www.oper-in-berlin.de.
Vgl. Von Hülsen, Bernhard, a.a.O.
Vgl. Strukturkonzept Oper in Berlin. www.berlin.de

5. Bundesamt für Bauwesen und Raumordnung
Vgl. Oeckl Online 2009.
Vgl. Oeckl, Albert, Taschenbuch des öffentlichen Lebens, Deutschland 2008, Berlin, 30.10.2007, 2008, S. 160.
Vgl. Bundesamt für Bauwesen und Raumordnung (BBR). www.bbr.bund.de
Vgl. Deutscher Bundestag (Hg.): Investitionen in Schienenwege.
In: Das Parlament. Nr. 37 / 11.09.2006.
Vgl. Deutscher Wissenschaftsrat (Hg.): Wissenschaftspolitische Stellungnahme zum Bundesamt für Bauwesen und Raumordnung (BBR), Bonn. Drs. 7257-06 Nürnberg. 19.05.06.

6. Bundesamt für Kartografie und Geodäsie
Vgl. Lossau, Norbert: Fallendes Laub lässt die Erde schneller drehen, In: Welt Online Wissen, 22.10.2008.
www.bkg.bund.de
Vgl. Universität Rostock. URL: http://www.geoinformatik.uni-rostock.de
Vgl. Das Parlament: Ausgaben für innere Sicherheit prägen weiterhin den Etat. Ausgabe 37, 11.09.2006.

7. Bundesdruckerei
www.connecticum.de/firmenprofil/144/Bundesdruckerei_GmbH.html
Vgl. Bundesdruckerei (Hg.): Geschäftsbericht 2008
Vgl. Pressebox: Bundesdruckerei bei erfolgreicher Restrukturierung und beim Verkauf, Frankfurt am Main, 06.03.2009.
Vgl. Druckportal Sachsen.de: Bundesdruckerei zurück in Staatsbesitz.
URL: http://www.druckportal-sachsen.de
Vgl. Jürgen Koppelin: Riesenstreit um Steuersenkungen - „Ehe-Krach bei Schwarz-Gelb". Bild.de. 18.10.2009

8. Bundesinstitut für Bevölkerungsforschung
Vgl.: FAZ: Bundesinstitut nicht gut genug, 02.02.2010, Nr. 27, Seite 4
Vgl. Oeckl Online 2009,
Vgl: Bundesinstitut für Bevölkerungsforschung, www.bib-demografie.de
Vgl: Forschungseinrichtungen Demographie, www.bildungsserver.de
Vgl: Max Planck Institut für demographische Forschung, www.demogr.mpg.de/
Vgl. Berlin-Institut für Bevölkerung und Entwicklung, www.berlin-institut.org
Vgl. Institut für Angewandte Demographie GmbH Berlin-Brandenburg, www.b.shuttle.de
Vgl. Europäische Beobachtungsstelle für Demographie und soziale Lage,
Vgl. Mannheimer Forschungsinstitut Ökonomie und demographischer Wandel www.mea.uni-mannheim.de
Vgl. Universität Bielefeld, Institut für Bevölkerungs- und Gesundheitsforschung (IBG), www.uni-bielefeld.de/gesundhw/ag8/
Vgl. Internationales Institut für Empirische Sozialökonomie, www.inifes.de

9. Bundesinstitut für Kultur und Geschichte der Deutschen im östlichen Europa (BKGE)
Vgl. Oeckl Online 2009.
Vgl. Oeckl, Albert : In: Taschenbuch des öffentlichen Lebens, Deutschland 2008, Berlin, 30.10.2007, Seite 142.

Flyer des BKGE: Forschungsbereiche.
Vgl. Website des BKGE. 2009.
Vgl. Deutscher Wissenschaftsrat: Wissenschaftspolitische Stellungnahme zum Bundesinstitut für Kultur und Geschichte im östlichen Europa (BKGE), Oldenburg. 09.11.2007.

10. Bundesinstitut für Risikobewertung
Vgl. Oeckl Online 2009.
Oeckl, Albert: In: Taschenbuch des öffentlichen Lebens, Deutschland 2008, Berlin, 30.10.2007, Seite 150.
Vgl. Das Bundesinstitut für Risikobewertung auf einen Blick - Daten, Fakten und Hintergründe.15.Juni 2009. URL:
Vgl. Webseite des Bundesinstituts für Risikobewertung www.bfr.bund.de
Vgl. Website der EFSA. www.efsa.europa.eu
Vgl. Verordnung (EG) Nr. 178/2002 des Europäischen Parlamentes und des Rates zur Errichtung der Behörde für Lebensmittelsicherheit. 28.01.2002.

11. Bundesjazzorchester
Vgl. Webseite der Deutscher Musikrat gemeinnützige Projektgesellschaft mbH. 2009. www.musikrat.de.
Vgl. Pressemitteilung Deutscher Musikrat gemeinnützige Projektgesellschaft mbH: BuJazzO meets India. 04.03.2009.
Vgl. Pressemitteilung Deutscher Musikrat: Projekte am Puls der Zeit. 07.11.2008.
Vgl. Pressemitteilung des Deutschen Musikrats BuJazzO – Geburtstag. 07.01.2008:
Oeckl, Albert. In: Taschenbuch des öffentlichen Lebens, Deutschland 2008, Berlin, (30.10.2007).

12. Bundesmonopolverwaltung für Branntwein (BfB)
Vgl. Oeckl Online 2009.
Vgl. Oeckl, Albert. In: Taschenbuch des öffentlichen Lebens, Deutschland 2008, Berlin, 30.10.2007, Seite 147.
www.bfb-bund.de.
www.bundesfinanzministerium.de
Buscher, Eva Maria / Grewe, Meike: : Superlative im Ämterdickicht, In: Brennpunkt Bundesbehörden, In: Focus Magazin, Nr. 12/2006.
Vgl. Müller, Volker: Damit Brennereien existieren können BRANNTWEINMONOPOL Bundestag will die Subventionierung bis zum Jahr 2017 beibehalten. In: Das Parlament Nr. 23/2008.
Vgl. Ingo Reich: Das Branntweinmonopol steht vor dem Aus. Handelsblatt vom 10.04.2003. Vgl. Textbericht der Bundesmonopolbehörde für Branntwein.
13. Bundessprachenamt
Vgl. Oeckl Online 2009.
Vgl. BSprA. 2008. www.bundessprachenamt.de.
Vgl. Carl Duisberg Centren. www.cdc.de

14. Büro für Technikfolgenabschätzung (TAB)
Vgl. www.tab.fzk.de. 07.02.2006.
Vgl. www.tab.fzk.de/de/kurzinfo.htm. 3.3.2005.
Vgl. Oeckl, Albert. In: Taschenbuch des öffentlichen Lebens, Deutschland 2008, Berlin, 30.10.2007, Seite 22.
Vgl. Fuchs, Christian. Technikfolgenabschätzung.
Vgl. Petermann, Thomas: Technikfolgen-Abschätzung im Deutschen Bundestag - ein Institutionalisierungsprozess. In: Petermann, Th. (Hg.): Technikfolgen-Abschätzung als Technikforschung und Politikberatung. Frankfurt u. a.: Campus 1992, S. 209-224. Veröffentlichungen der Abteilung für Angewandte Systemanalyse (AFAS), Bd. 1.
Vgl. TA Einrichtungen in Deutschland. www.itas.fzk.de

15. DB Zeitarbeit GmbH
Vgl. Webseite der DB. www.deutschebahn.com/site/bahn/de/start.html. Stand: 24.11.2009.
Vgl. Deutsche Bahn (Hg.): DB Zeitarbeit GmbH – Erfolg durch Flexibilität am Arbeitsmarkt. www.deutschebahn.com
Burman, Andreas: Flexibilität mit Folgen, In: Deutschlandfunk. 07.05.2007.

16. Deutsche Dienststelle WaSt
Vgl. Oeckl Online 2009.
Vgl. Ulrich Zander: Licht ins Dunkel der Vergangenheit. 22.08.2009. support.wienerzeitung.at
Ulrich Zander: a. a. O.
Vgl. Kopietz, Andreas: Schicksale auf Karteikarten. In: Berliner Zeitung vom 01.08.2000.
Vgl. WASt (Hg.): Arbeitsbericht 2005/2006/2007, Seite 59-60, Berlin. 2008.

17. Deutsche Einheit Fernstraßenplanungs- und -bau GmbH
Vgl. Webseite der DEGES www.deges.de.
Vgl. Verkehrsprojekte Deutsche Einheit, In: Wikipedia.
Vgl. Tiefensee, Wolfgang: DEGES – Eine Erfolgsgeschichte im Osten. 28.11.2006.
Vgl. Beteiligungsbericht 2007. Bundesministerium der Finanzen. Berlin. Dezember 2007. S. 85
Vgl. Beteiligungsbericht 2008. www.bundesfinanzministerium.de

18. Deutsche Energie-Agentur GmbH (dena)
Vgl. Oeckl Online 2009.
Oeckl, Albert. In: Taschenbuch des öffentlichen Lebens, Deutschland 2008, Berlin, 30.10.2007, Seite 685.
Vgl. Bauchmüller, Michael: Das Geld, das durch den Kamin geblasen wurde. Süddeutsche Zeitung vom 13.04.2007.
Kohler, Stephan: Stellungnahme der Deutschen Energieagentur. www.dena.de
Vgl. Beteiligungsbericht des Bundes 2007, ab Seite 96. www.bundesfinanzministerium.de
Vgl. 21. Subventionsbericht der Bundesregierung, Lfd. Nr. 16 in Anlage 01 und Seite 137 und 140 in Anlage 08.
Vgl. Finanzplan des Bundes, Seite 24.

19. Deutscher Wetterdienst
Vgl. Oeckl Online 2009.
Vgl. Uwe Kirsche – Pressestelle: Zahlen und Fakten zum DWD 2008.
Vgl. Klimaforschung Net: Stromausfälle in Bayern – Tote und Verletzte nach „Emma“. 01.03.2008.
Vgl. Anhäuser, Marcus: Deutschlands beliebtester Wetterfrosch - Interview mit Jörg Kachelmann. Deutscher Wetterdienst. www.wissen.de
Vgl. Kurzportrait Deutscher Wetterdienst. Bundesministerium für Verkehr, Bau und Stadtentwicklung.
Vgl. Axel Hartmann / Susanne Vieser: Deutscher Wetterdienst - Sofort privatisieren. FOCUS-MONEY Nr. 13. 2002.
Vgl. website weather risk. 2009. www.wrm.de

20. Entsorgungsverband Saar (EVS)
Vgl. Roland Schäfer, Bürgermeister der Stadt Bergkamen: Kommunal statt Privat - Erfolgreiche Kommunalisierung der Müllabfuhr in Bergkamen.
Vgl. Entsorgungsverband Saar EVS (2009): Aufgaben. www.entsorgungsverband.de
Vgl. Saarländische Landesregierung (1997): Gesetz über den Entsorgungsverband Saar (EVSG). In: Umwelt – Online. 26.11.1997.
Vgl. sr-online Nachrichten (2008): EVS – Entsorgungsverband Saar, Lexikon. www.sr-online.de/nachrichten/740/733600.html
Vgl. Rainer Rilling,„Kampf gegen die Privatisierung der Sammlung und des Transports von Hausmuell in Stuttgart“ in: wemgehoertdiewelt.de.

21. Finanzkontrolle Schwarzarbeit
Vgl. Oeckl Online 2009.
Vgl. Oeckl, Albert. In: Taschenbuch des öffentlichen Lebens, Deutschland 2008, Berlin, 30.10.2007, Seite 147.
Vgl. Webseite der FKS (31.03.2008/27.07.2009): „Zoll im Einsatz“ Finanzkontrolle Schwarzarbeit. www.zoll.de.
Vgl. Desselberger, Alex u.a.: Angst vor Eichels Greifern, In: Focus Nr. 3, 2004. 12.1.2004.

22. Frauenbeauftragte des Landes Hessen
Vgl. Bader, Eva: Frauenversteher, berufe halber: Quirin J. Bauer, erster Frauenbeauftragter Deutschlands. In: jetzt.de, 15.08.2008. Süddeutsche Zeitung.
Vgl. Das Hessische Gleichberechtigungsgesetz und die Arbeit der Frauenbeauftragten für die Lehrkräfte. www.hessenrecht.hessen.de
Bader, Eva, a.a.O. URL: www.frauenbeauftragte.de. Stand: 24.11.2009.
Vgl. wer-weiss-was: Wollen Frauen Gleichstellungs- u. Frauenbeauftragte? www.wer-weiss-was.de
Vgl. Law-Blog.de: Arbeitsrecht, 26.07.2006. Allgemeines Gleichbehandlungsgesetz (AGG). www.law-blog.de

23. Friedhöfe Leipzig
Vgl. Haushaltsplan 2008 Stadt Leipzig, Zuschussbedarf. Band 1. www.leipzig.de
Vgl. Berliner Zeitung Nr. 250 (24.10.2008): Auch der Tod wird immer teurer, Seite 5.
Vgl. Stadt Leipzig (2006): Wirtschaftspläne

24. Garten-, Friedhofs- und Forstamt Stuttgart
Vgl. Trueten, Thomas: Haushalt trotz Protesten beschlossen. 22.12.2007. www.trueten.de
Vgl. Stuttgart Presseportal: „Wahl zur schönsten Dahlie Stuttgarts". 2007. http://presse.stuttgart-tourist.de
Vgl. Ständige Konferenz der Gartenamtsleiter beim Deutschen Städtetag (November 2007): Das Gartenamt. In: Stadt und Grün, November 2007, Berlin-Hannover. URL: http://www.stadtundgruen.de.
Vgl. Kommunale Grünpflege: Wir schaffen Lebensqualität. 2006. http://gartenbau.verdi.de
Vgl. Stadt und Grün – Das Gartenamt (Hg.): Das Kommunale Friedhofs- und Bestattungswesen.

25. Germany Trade & Invest
Vgl. http://www.bundestag.de/aktuell/hib/2008/2008_051/07.html
Vgl. Oeckl Online 2009: Germany Trade & Invest - Gesellschaft für Außenwirtschaft und Standortmarketing mbH. 2008. www.gtai.de.
Vgl. Bundesrechnungshof (Hg.): Bemerkungen 2007, S. 155 ff.
Vgl. Website der gtai. 2009. www.gtai.de/web_de/startseite.

26. GKV Informatik
Vgl. Computerwoche: Update: Krankenversicherungen schmieden IT-Allianz - ohne SAP. 27.11.2006.
Vgl. Gkv Informatik Website. www.gkvi.de
Vgl. Computerwoche: CIO von Barmer wechselt zur IT-Tochter.18.04.2007
Vgl. Oscare-Erfinder neuer AOK-Vorstandschef. www.cio.de/karriere/auf_und_absteiger/857324/.

27. Kommunale Fahrradbeauftragte
Schultheis, Jürgen: Tiefensee über die Mobilität der Zukunft. In: Frankfurter Rundschau" vom 18. September 2008.
Vgl. Deutscher Bundestag (Hg.): Drucksache 16/5255. Antwort der Bundesregierung auf die Große Anfrage der Abgeordneten Dr. Anton Hofreiter, Winfried Hermann, Peter Hettlich, weiterer Abgeordneter, Fraktion BÜNDNIS 90/DIE GRÜNEN. Drucksache 16/3548. Zwischenbilanz des Nationalen Radverkehrsplans 2002–2012. 16. Wahlperiode 09. 05. 2007.
Vgl. Deutscher Bundestag (Hg.): Kleine Anfrage der Abgeordneten Dr. Anton Hofreiter, Bettina Herlitzius, Winfried Hermann, Peter Hettlich, Cornelia Behm, Hans-Josef Fell, Ulrike Höfken, Bärbel Höhn, Sylvia Kotting-Uhl, Nicole Maisch, Rainder Steenblock und der Fraktion BÜNDNIS 90/DIE GRÜNEN. Verlagerung des Autoverkehrs in der Stadt auf das Fahrrad. Drucksache 16/10445. 16. Wahlperiode 29. 09. 2008.
Vgl. Dr. Schilling, Renè: Fahrradfahrer können in Herfords Innenstadt ihr Gepäck sicher deponieren.| 26. 05. 2009. www.herford.de
Vgl. Pressemitteilung der Stadt Moers (Hg.): Jens Franken ist der neue Fahrradbeauftragte der Stadt Moers. 02.12.2008.

28. Kommunales Stadtmarketing
Vgl. Stadt Münster: Münster – „Wissenschaft und Lebensart", Präsentation Münster

Marketing. In: Webseite der IHK Wiesbaden. 2005.
Vgl. Webseite der Stadt Münster: Stadtmarketing, Geschäftsbericht 2007 und 2008.
Vgl. Website Stadtmarketing Koblenz.
Vgl. Website der Stadtmarketing Karlsruhe GmbH. 2009.
Vgl. Website Hamburg Tourismus. 2009.

29. Künstlersozialkasse
Vgl. Oeckl Online 2009. Vgl. Website des Bundes der Steuerzahler
Oeckl, Albert. In: Taschenbuch des öffentlichen Lebens, Deutschland 2008, Berlin, 30.10.2007, Seite 837.
Vgl. Villinger, Christoph: Die KSK-Prekären. In: Jungle World, Die linke Wochenzeitung, Nr. 43., 23.10.2008.
Vgl. HR Services 2/2007: Betriebsprüfungen der Künstlersozialkasse, In: Datakontext. 15.03.2007.
Vgl. Webseite der KSK: Die Künstlersozialkasse. www.kuenstlersozialkasse.de.
Vgl. compliance-magazin: Betriebsprüfungen der Künstlersozialkasse.15.03.2007.

30. Kuratorium für Technik und Bauwesen in der Landwirtschaft e. V.
Vgl. Oeckl Online 2009.
Vgl. www.ktbl.de. Stand: 25.11.2009.
Vgl. Webseite des Vereins Deutscher Ingenieure e.V. VDI: Historie der Max-Eyth-Gesellschaft Agrartechnik im VDI 2008.

31. Landesgestüte Warendorf, Neustadt und Marbach
Vgl. Webseite des Landesgestüts Warendorf (2008). www.landgestuet.nrw.de.
Vgl. Bund der Steuerzahler Nordrhein-Westfalen e.V.: Erfolge des BdSt im Jahr 2007, Webseite des Bundes der Steuerzahler NRW. www.bdst-nrw.de
Vgl. Pressemitteilung 38/2009, Minister Peter Hauk, MdL: Wir setzen durch das Konjunkturprogramm gezielte Impulse. In: Das Ministerium für Ernährung und Ländlichen Raum
Vgl. Karl Zimmermann Mdl, für den Wahlkreis 8 (Kirchheim), Pressemitteilung vom 13.12.2005,
Vgl. Das Haupt- und Landgestüt Marbach als Ausbildungsbetrieb im Berufsbild Pferdewirt in den Schwerpunkten Pferdezucht und Haltung und Reiten, Haupt – und Landesgestüt Marbach – Gomadingen , 20.11.2006. www.landwirtschaft-bw.info
Vgl. dpa/lsw: Fast 50 Millionen für Heidelberg. In: Stuttgarter Zeitung, 05.03.2009.

32. Landesmedienanstalten
Vgl. Webseite der Landesmedienanstalt Saarland (2008).
URL: http://www.lmsaar.de/die-lms/die-lms. Stand: 25.11.2009.
Vgl. Webseite der ARD: „Rundfunkstaatsvertrag", www.ard.de
Vgl. Oeckl, Albert, In: Taschenbuch des öffentlichen Lebens, Deutschland 2008, Berlin, (30.10.2007), Seite 1110.
Vgl. Niggemeier, Stefan/Schader, Peer: „Schafft die Landesmedienanstalten ab!" In: Frankfurter Allgemeine Sonntagszeitung, 20.3.2005, Nr. 11, Seite 33.
Vgl. Landtag Nordrhein-Westphalen (Hg.): Zukunft der Medien, NRW Landesregierung in der Verantwortung. Antrag der Fraktion BÜNDNIS90/DIE GRÜNEN. Drucksache 14/1880. 09.05.2006.
Vgl. DIHK (Hg.): DIHK für Zusammenlegung von Medienanstalten. 31.05.2004. Siehe www.netzeitung.de/medien/288790.html.

33. Markthallen München
Vgl. Webseite der Stadt München: Die Markthallen München stellen sich vor.
URL: http://www.muenchen.de
Vgl. Jahresbericht 2007 der Landeshauptstadt München, Kommunalreferat:
Vgl. User : Markthallen München, In: Qype, Internetforum. 07.07.2008. www.qype.com/place/173744-Markthallen-Muenchen-Muenchen

34. Müritz Therme in Röbel
Vgl. Müritz Therme: Homepage der Müritz Therme Röbel/Müritz. www.mueritztherme.de
Vgl. ShortNews: Müritz Therme wegen Baumängeln für vier Monate geschlossen. 11.9.2007. www.shortnews.de
Vgl. Amt Röbel-Müritz: Verwaltungsbericht zur Stadtvertretersitzung am 23.5.2006,

In: Webseite des Amtes Röbel- Müritz. URL: http://www.amt-roebel-mueritz.de
Bund der Steuerzahler Deutschland e. V.: Die öffentliche Verschwendung
Schwarzbuch des Bundes der Steuerzahler 35, S. 51.

35. Musikfestspiele Bayreuth
Vgl. Oeckl Online 2009.
Vgl. Oeckl, Albert. In: Taschenbuch des öffentlichen Lebens, Deutschland 2008,
Vgl. Webseite der Bayreuther Festspiele. URL: http://www.bayreuther-festspiele.de.
Vgl. Christoph Gahlau: Bayreuther Festspiele – Und jährlich lockt der „Grüne Hügel".
www.monstersandcritics.de
Vgl. Kocholl, Roman: Nike fordert Ende der Subventionen. 4.7.2006.
www.festspiele.de

36. Nationale Anti-Doping-Agentur (Nada)
Vgl. Oeckl Online 2009.
Vgl. Homepage der Nada (2008). www.nada-bonn.de.
Vgl. Wikipedia: Nada, Vorgeschichte (2008).
Vgl. Focus online: Geschäftsführer Niessen verlässt NADA, 13.3.2008.
Vgl. Noll, Sebastian: Kritik des Dopings: Über Betroffenheit und Moral. 29.12.2006.
http://sebastianmoll.blogspot.com
Vgl. Hans -Joachim Föller: Ein einziger großer Betrug. In : Süddeutsche Zeitung vom 30.07.2008.
Vgl. Klaus Bellstedt: Korrupte Mischpoke. In: Stern vom 31.10.2007.

37. Nürburgring GmbH
Vgl. Bund der Steuerzahler, Schwarzbuch 2009. URL: http://www.steuerzahler.de
Vgl. Homepage der Nürburgring GmbH (2008): Nürburgring 2009.
www.nuerburgring.de.
Vgl. Bund der Steuerzahler. In: Schwarzbuch 2008: Nürburgring: 133 Euro Subvention für jede Formel-1-Karte, In: Focus Money Online. www.focus.de
Vgl. Schmit, André: 100. Mitarbeiterin am Nürburgring begrüßt,
In: automobilsport.com. 29.05.2008.
Vgl. Rechnungshof, Jahresberichte 2007 – 2008, In: Rechnungshof Rheinland-Pfalz.
www.rechnungshof-rlp.de
Vgl. Wittemeier, Roman: Leute mit Biz: Nürburgring-Chef Walter Kafiz,
www.motorsport-total.com

38. Pflanzenschutzamt Berlin
Vgl. Oeckl Online 2009.
Vgl. Oeckl, Albert. In: Taschenbuch des öffentlichen Lebens, Deutschland 2007.
Vgl. Senatsverwaltung für Stadtentwicklung Berlin: Amtliche Pflanzengesundheitskontrolle – Aufgaben. 2008. www.stadtentwicklung.berlin.de
Vgl. Fuchs, Claudia: Die Kastanienbäume werden zuerst kahl sein, in: Berliner Zeitung vom 22.09.2006.

39. Regierungsbezirke
Vgl. Christian Wehner, Vizepräsident LD Chemnitz: Die Landesdirektion als staatliche Behörde. 2008. www.ldc.sachsen.de
Vgl. ST: Größte Reform nach der Wende. 02.08.2008. In: Leipziger Anzeigenblatt Hallo Leipzig. www.hallo-leipzig.de
Vgl. Wikipedia „Regierungsbezirke"

40. Schutzgemeinschaft Deutscher Wald
Vgl. Oeckl Online 2009.
Vgl. Presseinformationen Nr. 25-07: Winterfütterung der Vögel nicht notwendig, aber ein schönes Naturerlebnis. 31.10.2007. In: SDW. www.sdw.de
Vgl. Hamburger Abendblatt (Hg.): 7,5 Mio. für Eismeerneubau.

41. Sea-Airport Cuxhaven/Nordholz
Vgl.: Flughafen Betriebsgesellschaft Cuxhaven/ Nordholz mbH.
www.hamburg-logistik.net
Vgl. Sea-Airport Cuxhaven/Nordholz, Dokument Nr. 9233. www.stade.ihk24.de
Vgl.: Presseinformation Ministerium für Wirtschaft, Arbeit und Verkehr des Landes Niedersachsen: Regionalflughafen Nordholz. Die Abgeordnete Daniela Behrens (SPD)

hatte gefragt. 28.08.2009.
Vgl. Schwarzbuch (2008): Cuxhaven: Millionengrab Flughafen. In: Focus Money Online (2008).
Vgl. Webseite des Kreistagsabgeordneten Uwe Dubbert: Fass ohne Boden für den Landkreis. www.uwe-dubbert.de

42. Staatliche Spielbanken
Vgl. Oeckl, Albert (2008), In: Taschenbuch des öffentlichen Lebens, Deutschland 2008, Berlin, 30.10.2007, Seite 684.
Vgl. HalleForum.de: „Privatisierung der Spielbanken kommt voran“, Webseite Halle Forum. 14.10.2008. www.halleforum.de
Vgl. Webseite des Bunds der Steuerzahler Sachsen-Anhalt e.V.: Schwarzbuch Die öffentliche Verschwendung. 06.10.2008. www.steuerzahler-sachsen.de.
Vgl. ver.di-Programmatik für das Finanzdienstleistungsgewerbe:
Vgl. HalleForum.de: a.a.O. www.openpr.de

43. Staatliche Weingüter
Vgl. Webseite Hessische Staatsgüter Kloster Eberbach (2008): Geschichte. www.weingut-kloster-eberbach.de
Vgl. Sitzungsprotokoll des Hessischen Landtags vom 23.2.2006, 96. Sitzung, Seite 6600.
Vgl. Mies, Petra (30.9.2008): Kloster Eberbach – Ran an den Riesling, In: Frankfurter Rundschau FR-Online.de.
Vgl. Europa Press releases RAPID: Hessische Staatsweingüter müssen im Zeitraum vor 2002 rechtsgrundlos erhaltene staatliche Beihilfen in Höhe von 541.859 Euro zuzüglich Zinsen zurückzahlen. http://europa.eu/
Vgl. Sitzungsprotokoll des Hessischen Landtags vom 23.2.2006: a.a.O.
Vgl. Pressemeldung BÜNDNIS 90/DIE GRÜNEN HESSEN. 20.02.2006. Bürgschaftserklärung Staatsweingüter- GRÜNE unterstützen Einschaltung von Wirtschaftsprüfern.
Vgl. Staatsweingüter Ein Loch am Steinberg als verlockende Perspektive. 01.02.2004. www.faz.net
Vgl. Oliver Bock: Weinbau im Rheingau, Streit um Zentralkellerei wird wohl die Justiz beschäftigen. In: FAZ vom 01.01.2006.
Vgl. Rechnungshof Sachsen: Jahresbericht 2008. Einzelplan 15, Allgemeine Finanzverwaltung, Betätigung der Sächsischen Aufbaubank, S. 234.

44. Staatsbetrieb Sachsenforst
Vgl. Oeckl Online 2009.
Vgl. Staatsbetrieb Sachsenforst (Hg.): Organisation.
Homepage des Staatsbetriebs Sachsenforst. www.smul.sachsen.de
Vgl. Rechnungshof des Freistaates Sachsen: Jahresbericht 2006.
Heinz, Andreas: FDP widerspricht sich selbst, In: Presse, CDU-Fraktion des Sächsischen Landtags. 15.3.2007.

45. Städtischer Eigenbetrieb Abfallwirtschaft Stuttgart
Vgl. Bund der Steuerzahler Baden-Württemberg (Hg.): Presseinformation Abfallentsorgung in Stuttgart muss auf den Prüfstand - Bund der Steuerzahler befürwortet Privatisierung der Müllabfuhr in der Landeshauptstadt. 23.01.2008.
Vgl. Stuttgart baut, Neubau für AWS. http://stuttgart-baut.de/
Vgl. Markus Euskirchen: DE-Privatisierung in USA www.who-owns-the-world.org
Vgl. Entsorgungssystem für Hausabfälle wackelt – Rosinen im Müll, 06.07.2008, In: TAZ.de.
Vgl. Bürgerverein Stuttgart-Zazenhausen e.V. (2008): Service. www.bv-zazenhausen.de.
Vgl. SPD Sillenbuch Heumaden Riedenberg: Besuch der AWS am 20.10.2007. www.spd-sillenbuch.de
Vgl. Stadt Stuttgart, Presse (Hg.): www.stuttgart.de.
Vgl. Zit. nach Sauer, Paul: Von der Einführung der Reformation bis zum Ende des 17. Jahrhunderts, In: Geschichte der Stadt Stuttgart, Kohlhammer (1993).
Vgl. Technisches Referat, Landeshauptstadt Stuttgart: Wirtschaftsplan 2008/09 des Eigenbetriebs Abfallwirtschaft Stuttgart (AWS). 2007.

46. Städtische Leihämter
Vgl. Webseite der Stadt Augsburg (14.6.2005): Organisatorische Eingliederung des Leihamtes in die Stadtkämmerei. www.augsburg.de

Vgl. Berrit Gräber: Schnelles Geld aus dem Leihamt. 12.12.2007. URL: www.focus.de
Vgl. Webseite des Zentralverbands des Deutschen Pfandkreditgewerbes e.V. (2008). www.pfandkredit.org.
Mönninger, Michael: Noble Bank für Arme. In: Die Zeit, 2005, Nr. 3 vom 13.01.2005.

47. Verwertungsunternehmen des Bundes

VEBEG Geschäftsbericht 2008. S. 2.
Vgl. Webseite der VEBEG GmbH: Geschichte. www.vebeg.de
Vgl. Bayerisches Staatsministerium der Finanzen: Huber stellte Beteiligungsbericht vor. In: Pressemitteilung 007/2008.
Tom Grünweg: Gebrauchtwagen des Bundes – Du fährst Deutschland. 24.01.2006. www.spiegel.de
Vgl. VEBEG Geschäftsbericht 2007.
Vgl. VEBEG Online Auktionen. www.vebeg.de

48. Vision Kino GmbH

Vgl. Webseite der Vision Kino GmbH. www.visionkino.de (2008).
Vgl. Förderverein deutscher Kinderfilm e.V (Hg.): All das kann nur über die Lehrer funktionieren. Im Interview Sarah Duve / Manfred Hobsch. 2006. www.foerderverein-kinderfilm.de
Vgl. Bundeszentrale für politische Bildung (Hg.): Filmkanon – Ein Symposium der Bundeszentrale für politische Bildung, In: Veranstaltungsdokumentation. Juli 2003. www.bpb.de

49. Zentralstelle für die Vergabe von Studienplätzen (ZVS)

Vgl. Oeckl Online 2009.
Vgl. Webseite der ZVS. 2009. www.zvs.de.
Vgl. mer/dpa/AP: „Die ZVS ist tot, sie lebe hoch. In: Spiegel Online. Unispiegel. 01.3.2007.
Vgl. Spiegel Online: ZVS wird 30 – Totgesagte leben länger. In: Unispiegel. 01.05.2003. www.spiegel.de

50. ZeP Berlin

Vgl. Senatsverwaltung Berlin (Hg.): ZeP – Erfolg in Zahlen. www.berlin.de
Vgl. Gewerkschaft der Polizei Berlin: Zentrales Personalüberhangmanagement (ZeP); GdP schreibt Finanzsenator Dr. Ulrich Nußbaum: Versetzung der Überhangkräfte in den Stellenpool abschaffen. 27.10.2009.
Vgl. Webseite Berlin.de: a.a.O.
Land Berlin. Presseerklärung Nr. 06-015 vom 13.02.2006. Abrufbar im Internet.
Vgl. Buschmann, Peter: Personalumbau effizient managen. 28.08.2007. www.daten.best-age-conference.com

Fotoindex

Titelgrafik: www.retrobibliothek.de „Laokoon" aus Brockhaus Konversations-Lexikon 14. Aufl.; *Seite 10*: www.fotolia.de; *Seite 11 und Buchumschlag*: Friedrich-Alexander-Universität Erlangen-Nürnberg, Fachbereich Wirtschaftswissenschaften; *Seite 20*: fotolia; *Seite 22/23*: fotolia; *Seite 24/25*: Karl-Heinz-Gottschalk, Dirk Schmidt, Sabine Kurbjuhn-Semkat; *Seite 26/27*: fotolia; *Seite 29*: fotolia; *Seite 31*: fotolia; *Seite 33*: fotolia; *Seite 35*: Image Source, family days; *Seite 36/37*: Ulrich Schmidt-Contoli; *Seite 39*: fotolia; *Seite 40*: www.musikrat.de, BuJazzO; *Seite 41*: fotolia; *Seite 42/43*: fotolia; *Seite 45*: fotolia; *Seite 47*: fotolia; *Seite 48/49*: fotolia; *Seite 50*: fotolia; *Seite 52/53*: fotolia; *Seite 54/55*: fotolia; *Seite 56/57*: fotolia; *Seite 58*: fotolia; *Seite 61*: fotolia; *Seite 62/63*: fotolia; *Seite 64*: fotolia; *Seite 66/67*: Werner Neunherz, Marco Barnebeck; *Seite 68/69*: fotolia; *Seite 71*: fotolia; *Seite 73*: fotolia; *Seite 74*: fotolia; *Seite 75*: Doris Rennekamp; *Seite 77*: A. Dengs; *Seite 78/79*: Marco Barnebeck; *Seite 80*: fotolia; *Seite 82*: fotolia; *Seite 84/85*: fotolia; *Seite 87*: fotolia; *Seite 88*: fotolia; *Seite 89*: Caesar Willich; *Seite 90*: fotolia; *Seite 92*: fotolia; *Seite 95*: fotolia; *Seite 96*: fotolia; *Seite 98/99*: fotolia; *Seite 100/101*: fotolia; *Seite 103*: fotolia; *Seite 104/105*: Ulrich Schmidt-Contoli, Sarah C., Michael Ottersbach, fotolia; *Seite 106/107*: fotolia; *Seite 108/109*: fotolia; *Seite 110/111*: fotolia; *Seite 113*: fotolia; *Seite 114/115*: fotolia; *Seite 117*: Norbert Schnitzler; *Seite 119*: Getty Images.